中等职业院校铁路类专业系列教材

高速铁路与轨道交通服务礼仪

Gaosu Tielu yu Guidao Jiaotong Fuwu Liyi

李兴华　吕小帅　**主　编**
周卫东　朱俊达　孙伟峰　**副主编**
　　　　　　　郝风伦　**主　审**

人民交通出版社股份有限公司
北　京

内 容 提 要

本书为中等职业院校铁路类专业系列教材。全书共包括 5 个项目，主要包括服务礼仪基础知识认知、高速铁路客运服务、高速铁路客运服务礼仪、高速铁路乘务服务礼仪、城市轨道交通车站客运服务礼仪。

本书主要供中等职业院校铁路类专业教学使用。

图书在版编目（CIP）数据

高速铁路与轨道交通服务礼仪/李兴华，吕小帅主编. —北京：人民交通出版社股份有限公司，2020.8
　ISBN 978-7-114-16640-2

Ⅰ.①高… Ⅱ.①李…②吕… Ⅲ.①高速铁路—乘务人员—礼仪—高等职业教育—教材②铁路运输—服务人员—礼仪—高等职业教育—教材　Ⅳ.①F530.9

中国版本图书馆 CIP 数据核字（2020）第 100695 号

书　　名：	高速铁路与轨道交通服务礼仪
著 作 者：	李兴华　吕小帅
责任编辑：	李　良
责任校对：	赵媛媛
责任印制：	张　凯
出版发行：	人民交通出版社股份有限公司
地　　址：	（100011）北京市朝阳区安定门外外馆斜街 3 号
网　　址：	http://www.ccpcl.com.cn
销售电话：	(010)59757973
总 经 销：	人民交通出版社股份有限公司发行部
经　　销：	各地新华书店
印　　刷：	北京虎彩文化传播有限公司
开　　本：	787×1092　1/16
印　　张：	8.25
字　　数：	182 千
版　　次：	2020 年 8 月　第 1 版
印　　次：	2023 年 7 月　第 2 次印刷
书　　号：	ISBN 978-7-114-16640-2
定　　价：	23.00 元

（有印刷、装订质量问题的图书，由本公司负责调换）

前言

随着我国铁路行业尤其是高速铁路与轨道交通的快速发展,各相关企业对铁路一线作业人员提出了更高的要求。为了使学生更好地掌握铁路人员所需具备的专业知识,山东交通技师学院联合人民交通出版社股份有限公司组织编写了中等职业院校铁路类专业系列教材。

本套教材以教职成〔2015〕6号文件《教育部关于深化职业教育教学改革全面提高人才培养质量的若干意见》与教职成〔2019〕13号文件《教育部关于职业院校专业人才培养方案制订与实施工作的指导意见》为指导思想,以"坚持面向市场、服务发展、促进就业的办学方向,健全德技并修、工学结合育人机制,突出职业教育的类型特点,深化产教融合、校企合作,加快培养复合型技术技能人才"为编写要求,采用项目驱动、任务引领的编写模式,每一学习任务都由学习目标、问题与思考、工作任务、预备知识、任务实施、任务测评、课后小结组成。在使用本套教材时,希望教师帮助学生做到以下几点:

(1)主动学习。学生是学习的主体,学生通过实践,在工作过程中获得的知识与技能是最牢靠的。学习过程中,学生需要积极主动地学习,完成完整的工作任务,学习真实的职业岗位工作内容。

(2)熟记规章。几乎铁路的每一条规章都是由具体案例总结出来的,所以在学习时,学生需要认真理解规章,不但能够熟练地背诵,更要学会如何灵活地运用。

(3)用好教材。教材中每一个任务都确定了明确的学习目标,包括能力目标、知识目标和素质目标,学生应该以这些目标为指引,努力地去完成。学习过程中,要在引导问题的帮助下,尽量独立地学习并完成整个学习任务。最后,学生要总结自己学习后的知识与技能收获,总结体会及经验教训,检验自己是否达到制订的学习目标。

"高速铁路与轨道交通服务礼仪"是高铁与轨道交通专业的专业必修课,是一门实践性和应用性很强的课程。本课程包含的服务礼仪,是服务从业人员必须具备的基本素质之一,可以说关系到高铁与轨道交通服务行业的形象和美誉度。通过学习,使学生树立牢固的服务意识,掌握高铁与轨道交通服务礼仪的基本知识和操作方法,并有意识地运用礼仪,帮助学生培养良好优雅的姿容仪态、风度修养,以便今后在职业生涯中提高职业素质和个人魅力,形成良好的人际关系,为生活与工作创造良好的内部环境和外部环境奠定重要基础,更好地发挥自己。本书的主要内容如下:

项目	任务	建议学时
服务礼仪基础知识认知	礼仪的基本理论知识	1
	日常服务礼仪	2

续上表

项　目	任　务	建议学时
高速铁路客运服务	高速铁路客运服务认知	2
	高速铁路客运服务技能	4
	高速铁路客运手语服务	2
	高速铁路客运服务质量标准	2
高速铁路客运服务礼仪	铁路客运服务礼仪	1
	高速铁路客运服务仪容仪表	4
	高速铁路客运服务语言礼仪	4
	高速铁路客运服务涉外礼仪	4
	高速铁路客运服务礼仪规范	2
高速铁路乘务服务礼仪	高速铁路乘务服务工作认知	1
	高速铁路列车乘务人员接待旅客礼仪	1
城市轨道交通车站客运服务礼仪	城市轨道交通车站客运服务人员的基本要求	1
	城市轨道交通车站客运服务工作内容	1
	城市轨道交通乘客投诉处理	2
合计		34

本书由李兴华、吕小帅任主编,周卫东、朱俊达、孙伟峰任副主编,由郝风伦任主审。参与本书编写的人员还有陈霞、李晓苏、许文振。其中,李兴华、吕小帅编写了项目1,周卫东编写了项目2,朱俊达编写了项目3,陈霞编写了项目4,李晓苏、许文振编写了项目5。

在本书编写过程中,编者参考了有关文献,并引用了其中一些资料,在此一并向这些文献的作者表示衷心的感谢。

由于编者水平有限,书中难免存在不足之处,恳请广大读者批评指正,以便不断改进。

编　者

2020年3月

目 录
CONTENTS

项目1 服务礼仪基础知识认知 ·· 1
  任务1 礼仪的基本理论知识 ·· 1
  任务2 日常服务礼仪 ·· 6

项目2 高速铁路客运服务 ·· 12
  任务1 高速铁路客运服务认知 ·· 12
  任务2 高速铁路客运服务技能 ·· 18
  任务3 高速铁路客运手语服务 ·· 23
  任务4 高速铁路客运服务质量标准 ·· 32

项目3 高速铁路客运服务礼仪 ··· 44
  任务1 铁路客运服务礼仪 ·· 44
  任务2 高速铁路客运服务仪容仪表 ·· 47
  任务3 高速铁路客运服务语言礼仪 ·· 65
  任务4 高速铁路客运服务涉外礼仪 ·· 70
  任务5 高速铁路客运服务礼仪规范 ·· 79

项目4 高速铁路乘务服务礼仪 ··· 89
  任务1 高速铁路乘务服务工作认知 ·· 89
  任务2 高速铁路列车乘务人员接待旅客礼仪 ······································ 93

项目5 城市轨道交通车站客运服务礼仪 ·· 97
  任务1 城市轨道交通车站客运服务人员的基本要求 ······························ 97
  任务2 城市轨道交通车站客运服务工作内容 ······································· 102
  任务3 城市轨道交通乘客投诉处理 ·· 106

附录 动车组列车服务质量规范 ··· 112
参考文献 ··· 123

项目 1　服务礼仪基础知识认知

任务 1　礼仪的基本理论知识

学习目标

1. 了解礼仪的起源。
2. 掌握礼仪的含义及分类。
3. 了解礼仪的特征及遵循的原则。
4. 树立礼仪观念,形成从事高铁客运服务工作的礼仪意识。

问题与思考

礼仪在日常生活、工作中经常被提到,但是很多人不能准确地说出什么是礼仪,也并不了解日常生活、工作中需要什么样的礼仪。

工作任务

要想做一个懂得礼仪的人,首先要了解礼仪的相关知识。本任务就是要向大家介绍礼仪的起源、礼仪的含义及分类、礼仪的特征及遵循的原则,了解本课程的学习内容。

预备知识

一、礼仪的起源

(一) 礼仪由来

礼仪作为人际交往的重要行为规范,它不是随意凭空臆造的,也不是可有可无的。了解礼仪的起源,有利于认识礼仪的本质,自觉地按照礼仪规范的要求进行社交活动。对于礼仪的起源,研究者们有各种观点,可大致归纳为以下几种:

有一种观点认为,礼仪起源于祭祀。东汉许慎的《说文解字》对"礼"字的解释是这样的:"履也,所以事神致福也从示从豊,豊亦声"。意思是实践约定的事情,用来给神灵看,以求得赐福。"礼"字是会意字,"示"指神,从中可以分析出,"礼"字与古代祭祀神灵的仪式有关。古时祭祀活动不是随意进行的,它是严格地按照一定的程序,一定的方式进行的。郭沫若在《十批判书》中指出:"礼之起,起于祀神,其后扩展而为人,更其后而为吉、凶、军、宾、嘉等多种仪制。"这里讲到了礼仪的起源,以及礼仪的发展过程。

另外还有一种观点认为,礼仪起源于风俗习惯。人是不能离开社会和群体的,人与人在长期的交往活动中,渐渐地产生了一些约定俗成的习惯,久而久之这些习惯成为了人与人交际的规范,当这些交往习惯以文字的形式被记录并同时被人们自觉地遵守后,就逐渐成为了人们交际交往固定的礼仪。遵守礼仪,不仅使人们的社会交往活动变得有序、有章可循,同时也能使人与人在交往中更具有亲和力。1922年《西方礼仪集萃》一书问世,开篇中这样写道:"表面上礼仪有无数的清规戒律,但其根本目的在于使世界成为一个充满生活乐趣的地方,使人变得和易近人。"

还有一种观点认为,礼仪是为了表达自身感情而存在的,在没有礼仪存在的时候,人们祭祀天地根本无法表达心中的敬畏,后来才出现了礼仪,如同语言一般,因为需要才产生的,后来拓展为向长辈行礼来表达本身的敬意,在后期贵族阶层出现,扭曲了礼的意义,使之在不尊敬的情况下使用来突出自身的地位,因此礼丢失了本质而变成了礼节。存有敬意施礼才是真正的礼。

从礼仪的起源可以看出,礼仪是在人们的社会活动中,为了维护一种稳定的秩序,为了保持一种交际的和谐而应运产生的。一直到今天,礼仪依然体现着这种本质特点与独特的功能。

(二)中国传统礼仪

"九宾之礼"。这是我国古代最隆重的礼节。它原是周朝天子专门用来接待天下诸侯的重典。周朝有八百个诸侯国,周天子按其亲疏,分别赐给各诸侯王不同的爵位,爵位分公、侯、伯、子、男五等,各诸侯国内的官职又分为三等:卿、大夫、士,诸侯国国君则自称为"孤"。这"公、侯、伯、子、男、孤、卿、大夫、士"合起来称为"九仪"或称"九宾"。周天子朝会"九宾"时所用的礼节,就叫"九宾之礼"。"九宾之礼"是很隆重的:先是从殿内向外依次排列。

九位礼仪官员,迎接宾客时则高声呼唤,上下相传,声势威严。按古礼,"九宾之礼"只有周天子才能用,但到了战国时代,周朝衰微,诸侯称霸,"九宾之礼"也为诸侯所用,演变为诸侯国接见外来使节的一种最高外交礼节了。《廉颇蔺相如列传》中的"设九宾之礼"就是指此。

"跪拜礼"。早在原始社会就已产生,但那时人们仅仅是以跪拜的形式表示友好和敬意,并无尊卑关系。进入阶级社会后,情况就不同了,特别是在封建社会里,"跪拜"是一种臣服的表示,"拜,服也;稽首,服之甚也。"即使是平辈跪拜,也有彼此恭敬的意思。"跪拜礼"的表现形式多样,但主要有以下几种:①"稽首",是臣拜君之礼。拜者头首着地,并停留较长一段时间。②"顿首",即叩首、叩头。头一触地就起,是一种用于平辈间的、比较庄重的礼节。古人就常常在书信的头或尾书以"顿首"二字,以表敬意;另外,还有"空首""再拜"等。

"揖让礼"。"揖"是作揖,双手抱拳打拱,身体向前微倾;"让"表示谦让。这是一种大众化的礼节,一般用于宾主相见时,或平辈间、比较随便的场合。"打拱作揖"即是一种引见,也表示一种寒暄问候。这一礼节,最能体现中华民族"谦让"的美德。

"袒臂礼"。又叫"左右袒",是一种特定场合下的特殊礼节。所谓"左右袒",是指露出左手臂或右手臂,以表示拥护哪一方面的意思。它一般用于事态严重的场合,通过"袒臂"表示拥护谁以解决争端。相当于今天的举手表决。这种礼节,大约产生于春秋战国时期。

"虚左礼"。古人一般尊崇右,故以右为较尊贵的地位。但乘坐车辆时,却恰好相反:车骑以"左"为尊位。如《信陵君窃符救赵》:"公子车骑,虚左,自迎夷门后生。"后来经过演变,"虚左"就表示对人的尊敬。在"待客"或"给某人留下官位"时,常谦称"虚左以待"。"虚左以待"的行为,就成为尊重人的一种礼节。

二、礼仪的含义及分类

1. 礼仪的含义

"礼"是一种道德规范:尊重。"礼者敬人也"。在人际交往中,既要尊重别人,更要尊重自己,礼者敬人。但是你只是口头说说尊重是没用的。心里怎么想的?这就要求你善于表达,它需要一定的表达形式。你得会说话,你得有眼色,你得懂得待人接物之道。

"仪"就是恰到好处地向别人表示尊重的形式。而现在大多数人片面地认为"仪"是指个人的外在形象和仪态,那是不正确的。这种认知,只是对礼仪其中一个方面的认识,因此,在人际交往中我们不仅要有礼,而且要有仪。

礼仪是人们在社会交往中受历史传统、风俗习惯、宗教信仰、时代潮流等因素的影响而形成的,既为人们所认同,又为人们所遵守,是以建立和谐关系为目的的各种符合礼的精神及要求的行为准则和规范的总和。

2. 礼仪的分类

(1)按应用范围,一般分为政务礼仪、商务礼仪、服务礼仪、社交礼仪、涉外礼仪五大类。

①政务礼仪。政务礼仪是国家公务员在行使国家权力和管理职能时所必须遵循的礼仪规范。

②商务礼仪。商务礼仪是在商务活动中体现相互尊重的行为准则。商务礼仪的核心是一种行为准则,用来约束人们日常商务活动的方方面面。商务礼仪的核心作用是为了体现人与人之间的相互尊重。

③服务礼仪。服务礼仪是指服务行业的从业人员应具备的基本素质和应遵守的行为规范。主要适用于服务行业的从业人员、经营管理人员、商界人士、职场人士、企业白领等从事服务工作的人士。

④社交礼仪。社交礼仪是指人们在人际交往过程中所具备的基本素质、交际能力等。社交在当今社会人际交往中发挥的作用越显重要。

⑤涉外礼仪。涉外礼仪是指在长期的国际往来中,逐步形成的外事礼仪规范,也就是人们参与国际交往所要遵守的惯例,是约定俗成的做法。它强调交往中的规范性、对象性、技巧性。

(2)按场合,一般分为家庭礼仪、学校礼仪、办公室礼仪、公共场所礼仪等。

(3)按身份,一般分为教师礼仪、学生礼仪、营业员礼仪、主持人礼仪等。

(4)按表现形式,一般分为交谈礼仪、待客礼仪、书信礼仪、电话礼仪、交换名片礼仪等。

三、礼仪的特征及应遵循的原则

(一) 礼仪的特点

1. 国际性

礼作为一种文化现象,它跨越了国家和地区的界线,为世界各国人民所共同拥有。在讲文明、懂礼貌、相互尊重的原则基础上形成的完善的礼节形式,已为世界各国人民所接受并共同遵守。

随着国际交往的不断增进,各个国家、地区和社会集团所惯用的一些礼仪形式,为世界范围内的人们所共同接受和经常使用,逐渐形成了一些更加规范化、专门化的国际礼仪。现代礼仪兼容并蓄,融汇世界各个国家的礼仪之长,使现代礼仪更加国际化、更加趋同化。

2. 民族性

不同国家、不同民族,其各自历史文化传统、语言、文字、活动区域不同。礼仪是同一生活中全体成员调节相互关系的行为规范,所以它就逐渐成为生活中各民族、各阶级、各党派、各生活团体以及各阶层人士共同遵守的准则。带有本国家本民族的特点。

3. 传承性

礼仪规范将人们交往中的习惯、准则的形成固定并沿袭下来,它是人类长期共同生活中逐渐积累起来的,是人类精神文明的标志之一。新形势下的礼仪规范,是对以往人类文明准则中积极和进步因素的继承和发展,它表现为人们之间的平等、团结、友爱、互助的新型关系。

4. 相对性

礼仪不仅是人们交际过程中的外在形式,还必须用其内在的思想品德、文化艺术修养作基础。只有两者有机地统一结合,才能对礼仪规范从必须遵守变为习惯遵守,从而形成良好的礼仪习惯。礼仪规范往往因时间、空间或对象的不同而有所不同,因此需要了解熟悉各个国家、各民族、各种场合、各种礼仪对象的异同点。

5. 时代发展性

礼仪规范不是一成不变的,它随着社会的发展而不断发展更新。一方面是社会自身的进步而使礼仪不断发展完善,礼仪随着时代、地域、对象的不同而变化;另一方面,随着对外交流范围的扩大,各国政治、经济、思想等因素的渗透,我国的礼仪在历史传统基础上被赋予了新的内容。

(二) 礼仪应遵循的原则

在日常生活中,学习、应用礼仪,有必要在宏观上掌握一些具有普遍性、共同性、指导性的礼仪原则。在人际交往、乘客接待与服务工作中,人们应当自觉地学习和遵守现代礼仪,按章办事,任何胡作非为、我行我素的行为,都是违背现代礼仪要求的。

现代礼仪应遵循尊重、平等、适度、自律、宽容的原则。

1. 尊重原则

我们总说,尊重上级是一种天职,尊重下级是一种美德,尊重客户是一种常识,尊重同事是一种本分，尊重所有人是一种教养。在现代礼仪规范中，尊重原则是最基本的原则。它是指在实施礼仪行为的过程中，要表现出对他人真诚的尊重，而不是藐视对方。你想别人怎样待你，你就怎样待别人。只有尊重他人，才能获得他人的尊重。

2. 平等原则

这是礼仪的核心，即尊重交往对象、以礼相待，对任何交往对象都必须一视同仁，给予同等程度的礼遇。

平等原则要求我们在处理人际关系时，尤其是在服务接待工作中，对服务对象，不论是外宾还是本国同胞，不论富有还是贫穷，不论年长还是年幼，都要满腔热情、一视同仁地对待。

3. 适度原则

适度原则，是要求运用礼仪时，为了保证取得成效，必须注意技巧，合乎规范，特别要注意做到把握分寸，认真得体。如在与人交往时，既要彬彬有礼，又不能低三下四，既要热情大方，又不能轻浮谄媚，要自尊却不能自负，要坦诚但不能粗鲁，要信人但不要轻信，要活泼但不能轻浮，要谦虚但不能拘谨。运用礼仪时，做得过了头，或者做得不到位，都是失礼的表现。

4. 自律原则

礼仪作为行为的规范、处事的准则，反映了人们共同的利益要求。每个人都有责任，有义务去维护它、遵守它。各种类型的人际交往，都应当自觉遵守现代社会早已达成共识的道德规范。

5. 宽容原则

在人际交往中，交往双方都希望得到对方的尊重，因此我们应该首先检查自己的行为是否符合礼仪的规范要求，主动做到严于律己，宽以待人。只有这样，才能在人际交往中塑造自身良好的形象并得到别人的尊重。

四、礼仪的功能

1. 沟通

人们在社会交往中，只要双方都自觉地遵守礼仪规范，就容易沟通感情，从而使交际往来容易成功。热情的问候、友善的目光、亲切的微笑、文雅的谈吐、得体的举止等，不仅可能唤起人们的沟通欲望，建立起好感和信任，而且可以促成交流的成功。

2. 协调

在社会交往时，只要人们注重礼仪规范，就能够互相友好合作，从而避免不必要的冲突和障碍。如果交往的双方都能够按照礼仪的规范约束自己的言行，不仅可以避免某些不必要的感情对立与矛盾冲突，还有助于建立和加强人与人之间相互尊重、友好合作的关系，使人际关系更加和谐、社会秩序更加有序。

3. 维护

礼仪是社会文明发展程度的反映和标志，同时也对社会的风尚产生广泛、持久和深刻的影响。讲礼仪的人越多，社会便会越和谐安定。

4. 教育

礼仪通过评价、劝阻、示范等教育形式纠正人们不正确的行为习惯,倡导人们按礼仪规范的要求协调人际关系,维护社会正常生活,讲究礼仪的人同时也起着榜样的作用,潜移默化地影响着周围的人。

 任务实施

两个人一组,根据教师发的礼仪关键词卡片,例如"礼仪含义""礼仪原则"等互相考核,完成礼仪知识点叙述,巩固礼仪相关知识点。

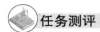 **任务测评**

教师依据同学们的回答情况,进行分组点评,并给出测评成绩。

序号	评价内容	完成情况	存在问题	改进措施
1	课前知识查阅情况			
2	礼仪相关知识掌握情况			
3	教师评价			

课后小结

根据老师的评价,各小组进行总结。

姓名		组号		教师	
自我小结:					

任务2 日常服务礼仪

学习目标

1. 了解握手礼仪、称呼礼仪、谈话礼仪、电话礼仪的基本要求和注意事项,理解这些礼仪的功能和作用。

2. 树立在高铁客运服务工作中,时刻注意礼仪的职业意识和职业素养。

问题与思考

如图1-1、图1-2所示,请大家思考:握手的姿势是否符合日常礼仪的要求?为什么?

图1-1 握手姿势(一)

图1-2 握手姿势(二)

工作任务

握手、打电话、与人谈话等,这些我们几乎每天都会做,本任务将带领大家掌握我们日常工作、生活中在握手礼仪、称呼礼仪、谈话礼仪、电话礼仪等方面有哪些具体的要求和禁忌,从而使自己成为一个懂得礼仪的人。

预备知识

日常服务礼仪主要包括握手礼仪、称呼礼仪、谈话礼仪、电话礼仪等。

一、握手礼仪

握手时应注意的几个原则:要注意伸手的先后顺序,要先伸出右手,握手前要脱帽和摘手套。握手时应采取站立姿势,不宜交叉握手。男士与女士握手,时间、握力要适当,身体略向前倾,头略低,面带微笑。

(一) 姿势

身体以标准站姿站立;上体略前倾;右手手臂前伸,肘关节弯屈;拇指张开,四指并拢,如图1-3、图1-4所示。

(二) 顺序

主人与客人之间,客人抵达时主人应先伸手,客人告辞时由客人先伸手;年长者与年轻者之间,年长者应先伸手;身份、地位不同者之间,应由身份和地位高者先伸手;女士和男士之间,应由女士先伸手;先到者先伸手,如图1-5所示。

(三) 力度

一只手握碎一个鸡蛋的力气。握手的时间为3～5秒。男士之间的握手,力度稍大,如图 1-6 所示。

图 1-3　握手姿势(三)

图 1-4　握手姿势(四)

图 1-5　握手姿势(五)

女士之间的握手,力度稍轻,如图 1-7 所示。

图 1-6　握手姿势(六)

图 1-7　握手姿势(七)

男士与女士之间的握手,力度稍轻,如图 1-8 所示。

(四)目光

注视对方的双眼,如图 1-9 所示。

(五)握手的位置

男士与男士握手(握手掌,虎口相对),如图 1-6 所示。

男士与女士握手(男士握女士的手指),如图 1-8 所示。

女士与女士握手(手指相握),如图 1-7 所示。

(六)握手的禁忌

男士与女士握手不宜时间过长、力度过大。不可交叉握手。不可跨着门槛握手。如果手脏、手凉或者手上有水、汗时,不宜与人握手,并主动向对方说明不握手的原因。忌用左手,忌坐着握手,忌戴有手套,忌与异性握手用双手,忌三心二意。

图1-8 握手姿势(八)

图1-9 握手姿势(九)

二、称呼礼仪

(一) 称呼的种类

(1) 一般性称呼:先生、女士。
(2) 职务性称呼:部长、主任、局长。
(3) 职称性称呼:教授、工程师。
(4) 职业性称呼:老师、律师、医生、会计。
(5) 姓名称呼。
(6) 仿亲属称呼。
(7) 简称。

(二) 称呼的方法

(1) 使用称呼就高不就低。
(2) 入乡随俗。
(3) 忌对领导、长辈、客人直呼其名。
(4) 多人交谈的场合,应遵循先上后下、先长后幼、先女后男、先疏后亲。

三、谈话礼仪

(一) 谈话的表情

表情大方、自然,面带微笑,语气亲切,语言表达得体。不得边埋头工作边与客人谈话。不能坐着与站着的客人谈话。态度诚恳,神情专注,目光坦然、亲切、有神。忌左顾右盼、打哈欠、频频看表、伸懒腰。与领导谈话,不要惊慌失措;接待层次不高的客人,不要心不在焉。

(二)谈话的语言

语言柔和甜美,表达准确,声音不宜太大。

(1)讲普通话。

(2)放低声音。

(3)学会使用柔性语言。柔性语言表现为语气亲切、语调柔和、措辞委婉、说理自然,常用商讨的口吻与人说话。

(4)使用礼貌语言。

(三)谈话的内容(话题的选择)

话题的选择至关重要,因为话题即身份的象征,代表着说话者的地位、档次和品位。

1. 商务交往、公务交往中不能谈及的事情——"六不谈"

(1)不能非议国家和政府。

(2)不能涉及国家秘密和行业机密。

(3)不能对交往对象的内部事务随便加以干涉。

(4)不能在背后议论同行的领导和同事。

(5)不能谈论格调不高的话题。

(6)不涉及私人问题(特别是在国际交往中)。

2. 商务交往、公务交往中要善于选择话题——"谈什么"

(1)与对方谈论交往对象擅长的问题。

(2)谈论格调高雅的问题。

(3)谈论轻松愉快的话题。

(四)谈话的体态

动作不要过大,更不能手舞足蹈。不要用手指指人。双手不要交叉胸前或背后,也不要手插裤袋或攥紧拳头。不要疯笑,要温文尔雅。与客人距离不要太近也不要太远。不要目不转睛,也不要左顾右盼。

美国著名盲人女作家海伦·凯特:"握手,无言胜有言。有的人拒人千里,握着冷冰冰的手指,就像和凛冽的北风握手。有些人的手却充满阳光,握住你使你感到温暖。"

四、电话礼仪

(一)接听电话的一般礼仪

(1)迅速接听:电话铃声响三声之内。

(2)问候、报名:"您好,我是××"或"您好!这里是×××。很高兴为您服务。"

(3)认真聆听:忌吃东西、忌和他人讲话、忌不耐烦。

(4)应答、互动。

(5)认真记录。

(6)礼貌地结束通话:由打电话者先放电话或长者先放电话。

(二)拨打电话的礼仪

(1)选择恰当的时间。

(2)做好打电话前的准备。

(3)问候、确定对方的身份或名称,再自报家门,然后再告知自己找的通话对象以及相关事宜。

(4)通话内容简洁明了。

(5)礼貌地结束通话。

(6)拨错电话要道歉。

(7)选择恰当的时间打电话。工作日早上7点以前、节假日9点以前,三餐时间,晚上10点以后。办公电话宜在上班时间10分钟以后和下班时间10分钟以前拨打。

两个同学一组,采取角色扮演法,模拟平时打电话、与人交谈、称呼等,其他同学根据课前预习的知识,指出其中的不足,最后由教师点评、总结。

教师依据同学们的回答情况,进行分组点评,并给出测评成绩。

序　号	评价内容	完成情况	存在问题	改进措施
1	课前知识查阅情况			
2	握手礼仪、称呼礼仪、谈话礼仪、电话礼仪掌握情况			
3	教师评价			

课后小结

根据老师的评价,各小组进行总结。

姓名		组号		教师	
自我小结:					

项目 2　高速铁路客运服务

任务 1　高速铁路客运服务认知

学习目标

1. 了解高速铁路客运服务的概念和内容,理解高速铁路客运服务的理念。
2. 掌握高速铁路客运服务的内容。
3. 树立高速铁路客运服务理念,具备从事高铁客运服务工作的相关基本素质。

问题与思考

高速铁路已经成为我国的一张靓丽名片,这其中主要内容就是高速铁路客运服务。那么你知道高速铁路客运服务都包括哪些内容吗?

工作任务

本任务就是带领大家了解高速铁路客运服务的概念和内容,理解高速铁路客运服务的理念,掌握高速铁路客运服务的内容。

预备知识

一、高速铁路客运服务的概念和内容

1. 高速铁路客运服务的概念

客运服务是指为了实现旅客位移而由一系列或多或少具有无形性的活动所构成的一种过程,该过程是在旅客与服务人员、硬件和软件的互动过程中进行的。其实质是最大限度满足旅客需求并为其创造价值。

2. 高速铁路客运服务的内容

铁路客运服务基本属于售后服务(旅客买票以后才能消费运输服务),也有少部分服务是售前服务和售中服务。例如旅客购票服务和一些咨询服务等。

客运服务的内容从其过程性特点来看,包括围绕旅客出行所有环节的需求,即旅客产生旅行动机时所需的咨询类服务,旅行前的票务服务,旅行中的站内、车内服务,以及旅行后的一些延伸或诉求类服务等。

二、高速铁路客运服务理念

高速铁路客运人员销售的是服务,并且是高标准的优质服务。因此,必须在强调服务意识的基础上,强化服务理念。中国高速铁路的快速发展,不仅仅是机车、车辆设备的更新,同时也需要高速铁路所有员工更新服务理念,在服务标准上向民航等企业看齐。为此,必须强化以下服务理念。

1. 旅客第一

优质的服务就是要做到旅客满意。要达到让旅客满意,必须要了解旅客的需求与愿望,然后尽力来满足他们。树立"旅客永远是正确的"观念,必须以使旅客满意的方式解决问题。一切服务工作必须围绕旅客第一来进行。

2. 专业服务

由于要提供高品质的服务给旅客,因此服务人员必须具备所需的专业知识与专业能力以及服务技巧,为此必须强化培训,熟练掌握业务知识,随时为旅客提供优质服务。

3. 注重礼仪

在为旅客服务时要有良好的态度,要不卑不亢、礼貌、热忱,微笑发自内心。牢记自己代表的是动车组列车的形象,绝不能抱着无所谓的态度。

4. 给予信心

在跟旅客接触或服务时,只有旅客对我们有信心,才会乐意接受我们所提供的服务。当我们提供的服务让旅客满意之后,旅客才会对我们产生信心。要做到这一点,必须知道"信心来自实力。"

5. 善于沟通

为了了解旅客的需求,必须要跟旅客充分沟通,倾听旅客的声音与意见,才能进一步去理解旅客的需求与期望。当旅客有所抱怨时,更要耐心地跟旅客沟通,为旅客解决问题。对旅客的抱怨要以婉转的语气,心平气和地加以解释,如果没必要解释的,不说为宜。处理旅客的抱怨时不要拖延,而且处理抱怨的行动也要让旅客能明显地感觉到你的努力,以平息旅客的愤怒。

6. 加深理解

想旅客之所想,特别是碰到老人、聋哑和智障等残疾旅客,在他们问询某些业务时,往往词不答意,这时就要多倾听,找到他们想要了解的问题所在。向旅客道歉时要有诚意,绝不能口是心非,应该发自内心地关心旅客的需要。

7. 互相配合

在提供服务的过程中,旅客也会高度地参与,而且会提出他们的需要与意见,因此服务人员要跟旅客密切配合。同时,相关的部门或同事彼此也需要团结合作、相互配合与支援。

8. 一诺千金

对旅客的服务要求一经承诺,就必须提供所承诺的服务。对旅客所做的承诺一定要实现,而且一定要有效,让旅客满意。

9. 换位思考

有时候,我们需要站在旅客的立场去体会旅客的需求与感受,才能提供贴心的服务给旅客,迅速而妥善为旅客解决问题。

10. 平等待客

为旅客提供的服务要有一致性的绩效品质,不能因时间、旅客或服务人员的不同而有所差异。更不容许由于乘务员心理的波动或因旅客与自己有某种关系而擅自降低或提高服务标准。

11. 遇事冷静

在为旅客服务时,有时候会碰到棘手的难题,或者遇到旅客发脾气,甚至不讲道理,此时,服务人员必须要克制自己,避免因感情影响工作,措辞上要谨慎,要用缓的速度来说话,争取思考时间,才能想出好的对策去解决问题。

12. 果断决策

当旅客有重大问题或特殊需求时,服务人员要用智慧及自己的权限去判断及做决定,采取最适当且让旅客满意的服务方式。

三、高速铁路车站服务内容

高速铁路客运服务按照出行过程,可以分为:出行前服务、车站服务、列车服务和旅程结束服务。

(一)出行前服务

旅客出行前服务,主要以提供信息查询为主。提供多种形式的查询方式,使铁路与旅客之间的联系逐步由单一的人工方式扩展到电话、短信、自助、互联网等多种方式,能够为旅客提供24小时不间断的服务。查询内容丰富,主要包括:

(1)查询旅程区间乘坐车次信息。

(2)查询开车时间、停靠站名、到站时间。

(3)查询客票信息,包括席位、票价、里程等。

(4)查询市内售票点及其他售票渠道信息。

(5)查询站内环境与服务设施。

(6)查询市内交通、天气情况、旅游等信息。

(7)服务预订:租车、酒店预订、市内交通购票、旅游服务预订等。

(二)车站服务

车站服务包括票务服务、问询服务、候车服务、旅客乘降服务以及"人性化"服务等。

1. 票务服务

票务服务是车站为旅客提供的重要服务内容。车站采用多种售票方式,合理安排售票窗口、自动售票机的数量和位置,以方便旅客购票,并且及时公布售票服务的相关信息(余额变更)。售票人员应具备熟练的业务技能和良好的工作态度,按标准与规范做好相关票务工作。根据旅客要求按规定售票(CRH列车开车前15分钟车站停止售票)、换票、退票,并及时向列车和配餐公司递交售票统计信息,同时售票员应向旅客提供导购服务(推荐异地票、联程票)、车票挂失、重点旅客全程服务等特色服务,满足旅客的需求。

2. 问询服务

问询处应设在旅客比较集中的地方,车站应通过问询处正确、迅速、主动、热情、耐心地解答旅客旅行中提出的各种问题,使旅客在购票、上车及中转换乘等方面获得便利。问询处应根据客流动态及车站具体情况进行宣传和组织工作,尽可能使旅客在旅行中避免错误。

解答旅客问询的方法可分为口头解答(包括电话问询、广播通知、电视问询)和文字解答(包括文字张贴、揭示牌提示)。口头解答问询时要做到"有问必答,答必正确,百问不烦",让旅客满意。文字张贴内容应通俗易懂,版面要鲜明、美观,夜间应有充足照明。电子揭示牌提示的内容应连续、滚动地显示,为旅客提供方便。

3. 候车服务

由于高速铁路客运站"通过式"的运输组织模式,旅客候车服务内容将逐步弱化,同时某些服务的方法和接触模式将会改变,即会有越来越多的自助式服务设施设备代替高接触度的人工服务模式,这既可以提高服务的规范性和标准化程度,又会提高服务效率。

1) 旅行生活服务

旅客旅行生活服务包括旅客在旅行过程中的生活、工作、学习等方面需求的服务。高铁客运站专门设有休息室、贵宾休息室、快餐店、咖啡厅、洗手间、吸烟区等处所,以满足旅客在休息、餐饮、卫生、吸烟等方面的需求;许多高铁客运站还设有网吧、手机充电器、IP电话、阅览室等,以满足旅客在工作、学习方面的需求。

2) 购物、娱乐服务

许多高铁客运站设有特产店以及一些娱乐场所,这既可以满足旅客的需求,又可以增加车站的收入。

3) 寄存服务

随身携带品暂存处是为旅客临时寄存物品的地方,做好寄存工作能给上车前、下车后的旅客创造便利条件,所以应安全、正确、迅速地为旅客办理寄存。先进的寄存方法是采用双控编码锁寄存柜,旅客可自己选定号码开柜、寄存,既安全又方便,同时又为车站客运人员的管理工作创造了良好条件。

4. 旅客乘降服务

乘降服务工作组织的目的是迅速集散与疏导旅客,维持车站秩序,对进站人员持用的车票检验和加剪。检票前清理站台,安排上要先重点(老、幼、病、残、孕、带婴儿的旅客)后团体,再一般。进站检票时执行"一看(看日期、车次)、二唱(唱到站)、三剪"制。

站台客运人员应坚守检票口、天桥口、地道口及进站通路交叉地点,按距离最短、交叉最少的进出站流线组织旅客进出站、上下车。随时做到扶老携幼,督促购物旅客及时上车对出站人员的车票、团体旅客证应收回,但中途下车和换乘旅客的车票不收回。收票时应执行"一看(看日期、到站)、二问(问是否报销)、三收(报销撕角,不报销收回)"制保证旅客安全。注意不要误撕车票。对收回的车票要妥善保管,定期销毁。维持站台正常秩序。在进出站流线上多设置路标、指示牌等以指明道路。在进出站检票口应做好检票工作、客流统计工作、查堵无票旅客与危险品、爆炸品、易爆品的工作。加强组织中转换乘的旅客在适当地点候车、换乘,保证乘降工作安全、迅速、不乱、不错。站台巡视,确保旅客安全。

旅客在客运站所需的信息包括:客运业务类基本情况信息、列车运行动态信息、交通换乘信息、客票余额及票价信息等,这些服务可以通过车站广播和电子屏来实现,还可以通过电视、宣传栏等向旅客提供旅行常识类信息和社会服务类信息,以满足各种需求。

5. "人性化"服务

高速铁路客运站不仅要为普通旅客提供舒适、便捷的服务,还应该满足特殊旅客的需求,充分体现"人性化"服务理念。特殊旅客主要包括重点旅客、贵宾、团体旅客、母婴及其他特殊旅客(如醉酒旅客、犯人及押送人员等)。

1)重点旅客

由于健康、年龄、生理等方面的原因,某些特殊旅客很难灵活自如地完成自己的旅行。高速铁路提倡"人性化"服务,应该为他们创建一个方便、安全的活动空间,提高其日常生活、旅行的自理程度。如免费提供轮椅护送旅客上车、设有母婴候车室等。由于身份、职务或知名度等方面的特殊性、重要性,无论是到站、购票,还是候车、乘降时,车站都要为贵宾提供及时、周到、舒适的特殊服务。

2)团体旅客

团体旅客以团队的形式集体出行,非常强调团结性、组织性、整体性等方面的特殊需求,车站应重视团体旅客的特殊需求,为其提供专门的购票、候车、检票等服务。

(三)列车服务

列车服务包括车厢服务、信息服务和"人性化"服务。

1. 车厢服务

始发站剪票前,乘务员应做好各种准备工作,严守车门,扶老携幼,迎接旅客看票上车。车上乘务员要为上车旅客安排座席及随身携带品的放置地方。开车后,乘务员按作业过程进行工作,态度应主动、热情,语言文明、表达得体、准确,举动稳重、大方,处理问题机动灵活、实事求是。到站前及时准确通报站名,组织旅客安全上下车。与普速列车相比,高速铁路列车的车厢服务更舒适、更科学,这主要体现在硬件设施设备、服务备品供应、客运人员3个方面。首先,在硬件设施设备方面,高铁列车的座椅较之以前有很大创新:前座上可放下小桌板,座椅可以根据乘客的需要前后调试;整排座椅最大旋转角度为180°,不仅前后排乘客可以面对面交谈,座位方向也可以始终与列车运行方向一致;头顶的货架有紧密的缝隙,抬头便可以看到自己的包裹;高铁列车上不办理有座席补票。其次,在服务备品供应方面,以CRH3型车为例,客运服务备品有保险柜、便民服务箱、收垃圾清洁车(含防漏盘)、衣架、VIP置物架、备品柜、披肩、药箱等,这比以前更全面、更人性化。再次乘务员更加注重服务礼仪和服务技巧,列车餐饮服务由专业的餐饮和保洁公司承担,客运人员提供的餐饮和应急服务、保洁人员提供的卫生服务等都有严格的规定和明确的标准。列车上不再配有餐车,取而代之的是吧台式服务。

2. 信息服务

高铁列车主要通过乘务人员广播、现场解答、《CRH动车旅客服务指南》《休闲杂志》《安全须知》、CRH宣传图片、简明时刻表、旅行常识等向旅客提供以下几类信息:①列车基本情况信息、列车运行动态信息、交通换乘信息、车票余额及票价信息等客运业务类信息;②公告通知、引导揭示信息、法律法规、旅行常识、旅行安全、旅行服务等列车自供服务信息;③旅游、住宿、市政交通、气象、新闻、娱乐、医疗、金融等社会服务信息。

关于广播服务,运行时间在3小时以内的列车,一般只播迎送词、服务设备介绍、安全提示、站名和背景音乐。运行时间超过3小时的列车,可在不干扰旅客休息的前提下,适当增加播放内容。列车旅客信息服务及影音播放系统播放的内容应由客运部门提供,由车辆部门录入。

3. "人性化"服务

为了给重点旅客提供"人性化"服务,高铁列车的一等座位车厢的厕所里,设有供残疾人使用的坐便器,坐便器上的垫圈还能根据天气和温度变化感应温控。在坐便器旁边,还有为残疾人准备的 SOS 紧急呼叫设施。墙壁上有可拉下的婴儿护理台,可以将婴儿放在上面更换尿片。

(四)旅程结束服务

旅程结束服务主要以投诉受理、意见建议收集为主。包括:

(1)旅客投诉受理,处理及反馈:投诉处理服务在旅客服务中心和车站都设置投诉处理平台(中心)。旅客可通过网络、电话、电子邮件、信函等形式进行投诉和建议。

(2)意见建议的收集及反馈:投诉中心对投诉信息进行收集、分类、归档、存储,不自动收集的信函、电话录音等信息,提供人工编辑输入工具。按照预置的处理流程,对于不同类型的投诉或建议,按不同的方式进行应答和处理。

(3)统计分析与报表:对投诉和建议信息进行统计分析,形成报表,也能够按照业务需求设置,定期生成投诉和建议旅客回访名单。

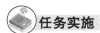
任务实施

同学们结合自己乘坐高铁的经历,谈谈从上车到到达终点站整个的旅行过程,最后,由教师总结、归纳。

任务测评

教师依据同学们的回答情况,进行分组点评,并给出测评成绩。

序 号	评 价 内 容	完成情况	存在问题	改进措施
1	课前知识查阅情况			
2	高速铁路客运服务内容掌握情况			
3	教师评价			

课后小结

根据老师的评价,各小组进行总结。

姓名		组号		教师	

自我小结:

任务2　高速铁路客运服务技能

学习目标

1. 掌握高速铁路客运服务技能。
2. 掌握列车服务技能。
3. 树立高速铁路客运服务方法意识,具备从事高速铁路客运服务工作的相关素养。

问题与思考

车站和列车是铁路服务旅客的主要"阵地"。客运人员不仅要有娴熟的业务技能,还要有一定的服务技能,你知道都需要哪些技能吗?

工作任务

本任务将带领大家掌握高速铁路车站服务技能和列车服务技能。

预备知识

一、车站服务技能

(一)问询服务技能

1. 一般问询服务

(1)当旅客向你询问时,应热情回答他的提问,并执行"首问负责制",力求做到问询工作的善始善终。

(2)当旅客来到你的面前,你应面带笑容地正视他,并彬彬有礼地问上一句"您需要帮助吗"?这样,很快就会消除旅客的焦虑和不安的情绪,双方可在融洽的氛围中交流。如在路上遇到有人问询时,应停下脚步主动关切地问他"先生(女士),您有什么事需要我帮忙吗"?以示你的诚恳和亲切。

(3)解答旅客问询,不知道的事或拿不准的事不要信口开河、敷衍了事,此时,可向旅客说明:"这个问题我不太明白,请您等一等,让我了解清楚,再告诉您好吗?"在问询服务中,应做到百问不厌,百问不倒,应积累丰富的知识,除熟练掌握本岗位业务知识外,还应多总结、积累和了解其他相关岗位业务知识,并对交通、旅游、购物、餐饮、住宿、医疗等延伸知识多收集、了解,这样才能避免在旅客面前尴尬,做到急旅客之所急。

2. 问询处服务技能

(1)问询处是旅客求助的中心,应采取"开放式"的设置,能面对面地与旅客交谈。旅客问询时,应面带微笑,双眼正视旅客,全神贯注地倾听,不要随意打断对方的问话,要让对方把话讲完。需要插话时,应当在对方讲话告一段落再进行。不要直接否定对方的讲话,更不能"抬杠"。如果没有听清旅客的问话,应说:"对不起,请您再说一遍,好吗?"

（2）回答询问时，应使用普通话，声音适中，语气温和、耐心、准确地回答。同时，应注意对旅客一视同仁，不以貌取人，要以丰富的业务知识，用自己的热情、真诚来赢得每位旅客的信任。当旅客向你表示感谢时，应微笑谦逊地回答："不用谢，这是我应该做的。"

（3）如果有众多旅客询问时，要从容不迫地一一作答，不能只顾一位，冷落其他人。凡是答应旅客随后再作答复的事，一定要守信用，适时作出答复。

(二) 检查危险品的服务技能

（1）检查危险品，宣传工作最重要，这项工作要在旅客的密切配合下才能完成。通过宣传让旅客了解携带危险品进站上车的后果，营造温馨和谐的检查空间，消除紧张感和不满情绪，争取旅客的主动配合，并应主动说："谢谢您的配合。"

（2）携带物品通过安检仪的检查，发现有疑问时，最好不要当着其他旅客的面检查包内的危险品，应把包拿到一边，用商量的口吻说："我们需要检查一下您的旅行包，请配合一下，好吗？"并让旅客自己开包进行检查，一旦查到危险品，应保持平和的心态，严格按规章及时果断处理，既不要蛮不讲理，也不要犹豫不决。如属于应没收的危险品，必须给旅客讲明道理并出具收据，避免旅客误解。若未发现危险品，应立即向旅客表示道歉，以示诚意。

(三) 候车室服务技能

候车室是旅客等候乘车的场所，昼夜都有大量的旅客流动，客运人员必须为旅客创造一个整洁卫生、秩序良好的候车环境。

（1）卫生宣传要讲究艺术，忌用警告的语言。如"根据××部门的规定，一不准…，二不准…，否则罚款"等。这种生硬的语气让人听后感觉很不舒服，甚至会使旅客产生逆反心理。

（2）清扫卫生应把握好时机，应根据列车开、到时刻，在候车室内旅客较少时进行清扫工作，减少对旅客的干扰。清扫时服务态度应热情，语言表达上应该更多地体现出相互尊重、友好相处的意愿。例如，扫地需要旅客配合时，可以轻轻地说"对不起，请您抬一下脚"。扫地结束后，为感谢旅客的配合，应说"谢谢"。

（3）旅客候车时，客运人员应主动迎候，随时为他们提供服务，指明他们确切的候车地点，按照"人坐两行，包摆一趟"（小件物品除外）的方法，安排旅客候车，这样既保证旅客休息，又做到井然有序。

（4）应掌握好检票时间，一般情况下，始发列车在开车前40min开始检票，过路车在列车到站前20min开始检票。检票时应组织好检票秩序，提前在检票口挂出指示牌，并通过电子引导装置不间断显示。可采取提前检票、分段检票、分行检票等方式，组织进站上车旅客有序前行。

检票时，客运人员应面带笑容地向旅客点头，说一声"您好"或者说"您好，先生（女士），请您把车票打开"，并做到"一看、二唱、三下剪"，干净利落，有条不紊地进行操作。检票后，应主动把车票递到旅客手中，交还车票时可说："祝您旅途愉快"或者说"请您走好，再见"等。

如果几个旅客的车票全由一个人拿着，而这个人又走在最后面时，可委婉地说："请问你们几位的车票在谁那儿？别着急，让我先核对一下车票再走，好吗？"

当看到不是本次列车的旅客来检票时,可对他(她)说:"对不起,先生(女士),您的车票不是这趟车的,请您到×号候车室等待检票上车。"

检票停止后再有旅客赶来时,应委婉地制止他进站。同时,用和蔼亲切的语气耐心地安慰他:"您别着急,您改乘××次列车同样可以到达,您可去售票处×号窗口办理改签手续。"

(四)出站服务技能

(1)多数旅客刚下车时,很难辨别方位,应通过广播适时宣传引导。在站台、地道、天桥、出站口等处设置完善的引导装置,通过电子屏无声地引导旅客出站。同时,客运人员应服务在刚下车的旅客身边,随时为旅客指明出站方向,以保证快捷疏导,使旅客井然有序。

(2)发现无票人员想混出站时,不必大喊大叫或尖酸刻薄地训斥,也不能用劲地拉拽或推搡,可以用手或身体礼貌地挡住,声音平和、语气委婉地告诉他到补票处补票。

(3)当发现旅客携带品有可能超重时,应主动走上前去,帮他抬着走,并唠家常式地说:"先生(女士),您从哪里来?就您自己拿这个大包,可够重的。"然后,再切入主题:"先生(女士),您拿的这个包好像超重了,不信我帮您拿去称一下重量,好吗?"如果确实超重,应及时向旅客指出:"先生(女士),您看,您的包都超过××kg了,应该补收运费。"

(4)如遇到儿童超高应补票时,一定要先度量儿童的身高,确定后,再办理补票手续。此时,应主动接近儿童,并关切地问:"小朋友,今年多大了?从哪里来呀?"消除儿童害怕紧张情绪,让他感到你很亲切。然后,再问他的家长:"这小孩有多高?"如果家长不愿意说,可拉着儿童的手说:"小朋友,叔叔(阿姨)领你去量一下身高好吗?"确实超高了,就应对家长说:"您看,您的小孩才×岁就长这么高了,该买儿童票了(或说:该买全价票了)。"

二、列车服务技能

1. 车门迎接服务技巧

(1)在车门立岗迎接旅客时,态度要诚恳、热情、礼貌、周到,目光应关注旅客,并用亲切的语言表示欢迎:"您好,欢迎乘车!请出示车票"。同时,按先后顺序快速查验车票。

(2)车门口发生拥挤现象时,应按先后顺序维持排队秩序,及时提醒旅客看管好自己的行李物品。遇到老人、小孩和行动不便的旅客要主动搀扶,给予帮助。

2. 列车上的服务技巧

1)致迎宾词

(1)致迎宾词时,应两眼看着旅客,沉着自信,面带微笑,语言清晰,用词恰当、致辞规范。

(2)致辞声音不要太大,尽量做到甜美柔和。若有外国旅客,应用外语重复一遍。

2)车厢整容

(1)旅客上车后,忙于寻找座位和放置行李,应提醒旅客保管好车票以免丢失,放稳行李以免坠落伤人;对于送客的亲朋好友,应在开车前及时提醒他们该下车了;对乘坐卧铺的旅客应主动提醒旅客更换卧铺票。

(2)对乘车经验少的旅客、老弱病残旅客以及行李较多的旅客应主动引导,尽快帮他们找到座位,把旅客安顿好,使车内秩序尽快平静下来。

(3)引导中要注意对号入座,如果该座位坐有其他旅客,应请其离座。当旅客主动离座时,应主动说:"谢谢您的合作"。碰到少数拒绝让座的旅客,切忌用诸如"没座位活该!"等生硬语言刺激旅客,应积极寻找空座位,缓解矛盾。

(4)整理行李架时,应主动向旅客解释,以取得旅客的配合。如"旅客们,为了给大家创造安全舒适的环境,现在开始整理车厢,请予合作,谢谢!"

3)清扫卫生

(1)清扫卫生前应首先宣传:"旅客们,为了给大家创造良好的旅行环境,我开始打扫卫生,请大家给予协助,谢谢!"

(2)清扫时,动作要轻,需要旅客帮忙时要说:"劳驾,请您抬一抬脚!"、"麻烦,挪一挪您的包行吗?免得弄脏"等。

(3)清扫厕所,遇旅客正在使用时,不要敲门催喊,要耐心等待他使用完毕后再清扫。

(4)清扫工具碰脏了旅客的衣服或物品时,要主动道歉,并想办法帮旅客擦干净。

(5)旅客对车厢状况不满意时,要及时清扫和整理,并主动说明原因:"抱歉,今天超员,打扫卫生不方便,请您谅解,我会尽力清扫干净。"

4)查验车票

(1)查票前要事先做好广播或口头宣传:"旅客们,现在开始查验车票,请大家把车票准备好,谢谢!"

(2)查票时,应亲切客气地对旅客说:"请出示您的车票"。认真仔细查验完毕后,要有礼貌地将车票还给旅客,同时说:"请收好您的车票,谢谢!"。切忌,使用"查票啦,把车票拿出来""为什么不买票""补票去"等生硬、冷漠的语言对待旅客。

(3)碰上不理不睬、不配合的旅客,无论他出于什么原因,都不能计较,可略提高音量,态度和蔼地说:"先生(女士),请出示您的车票,如果您没来得及买票,可以办理补票手续。"

(4)对无票乘车或是以没钱等各种托词不愿补票的旅客,可在乘警的协助下向他指出:"先生(女士),您实在无法补票?列车将按章编制客运记录,请您在前方大站下车,由车站协助当地政府为您解决困难。"

5)终到服务

(1)列车终到前,应再一次进行车内保洁。保洁时要面带微笑,动作轻快而不忙乱。倒垃圾时要征询旅客同意后再倒掉。同时注意提醒旅客将小桌板上的小件物品收好。

(2)清洁地板时,可辅以"请让一下""请抬一下脚"等话语,让旅客有所准备。遇有行包挡住时,不妨说:"可以移动一下吗?"以请旅客配合你。地板清洁后要提示旅客"行走小心,注意安全。"对带小孩或年龄较大的旅客则请他们等地面稍干后再行走。

(3)临近终点站,应提示旅客列车即将到达终点站,并适当向旅客介绍终点站的中转换车、市内交通、住宿等情况。遇有初次出门或老年旅客要提醒他们注意保管好车票以便出站时验票。

3.立岗送别服务技巧

(1)到站后,车门立岗的乘务员应以饱满的热情、整洁的形象、标准的姿势以及亲切的态度和话语,有礼貌地向不同的旅客道别。如"请慢走""感谢你乘坐本次列车""欢迎下次再来""下次再见"等。

（2）对下车旅客,应根据实际情况给予适当帮助。如帮助带较大行李的旅客提一下行李;帮助带小孩的旅客抱一抱小孩;搀扶老人和病、残行动不便的旅客下车等。

三、延伸服务

在客运服务工作中,落实延伸服务就要坚持"旅客永远是对的"这一服务理念。当旅客对我们的服务方式、服务内容发生误会或提出意见时,首先,客运人员应站在旅客的立场看待问题、分析问题,从理解旅客、让旅客满意的角度来解决问题。另外,强调旅客永远是对的,主要是要求客运人员以包容的态度处理问题。当错误或责任在旅客一方,或是旅客对客运人员的服务产生误会时,我们应当巧妙地处理,以维护旅客的自尊心。

1．延伸服务的方法
1）个性服务
主要是对孕、盲、残等类型的特殊旅客提供重点服务,进行关爱。
2）一站式服务
对有特殊需求的旅客,实现车上与车下、站内与站外服务的衔接。
3）超值服务
提供优质服务,服务质量超过旅客预期。
4）补救服务
因列车晚点、故障或因服务失误给旅客带来不便,要及时采取措施进行补救,以消除不满,将影响降至最低。

2．延伸服务示例
例1：加热牛奶服务
1）服务项目
出售早餐时,可按要求将常温牛奶加热,再提供给旅客。
2）服务程序
（1）出售早餐时,餐车长温馨提示旅客牛奶是否需要加热。
（2）加热牛奶时,餐车长将牛奶倒入纸杯中,微波炉加热2分钟即可。
（3）温馨提示旅客不要空腹饮用牛奶。
（4）餐车长将加热好的牛奶送至旅客乘坐车厢。
3）服务语言
"您好,您需要我帮您加热牛奶吗？"
"您好,牛奶我已经帮您加热好了,您请慢用。"
4）服务效果
可口的早餐、鲜美的牛奶、贴心的关怀,旅客倍感温馨。

例2：商品包装服务
1）服务项目
对一次购买食品较多的旅客免费提供专用手提袋。

2)服务程序

(1)旅客到餐车购买食品饮料时,餐车长主动介绍、热情接待。

(2)旅客购买食品较多时,为方便旅客携带,免费提供列车专用手提袋。

3)服务效果

既方便了旅客,也为高铁列车做了无声的广告。

 任务实施

同学们根据自己课前查阅相关资料和结合自己乘坐火车的经历,谈谈作为一名铁路客运服务人员,应该掌握哪些技能,最后由教师点评、总结。

 任务测评

教师依据同学们的回答情况,进行分组点评,并给出测评成绩。

序 号	评 价 内 容	完 成 情 况	存 在 问 题	改 进 措 施
1	课前知识查阅情况			
2	车站服务技能和列车服务技能掌握情况			
3	教师评价			

课后小结

根据老师的评价,各小组进行总结。

姓名		组号		教师	
自我小结:					

任务3 高速铁路客运手语服务

学习目标

1. 理解并掌握与高速铁路相关的常见的不同类型的手语。
2. 理解手语在日常高速铁路客运服务中的重要作用。
3. 培养从事高铁客运工作时与聋哑旅客交流的基本职业素质。

问题与思考

在高速铁路客运服务工作中经常会遇到有语言障碍的旅客,他们常用手势与人交流,你知道他们的手势都代表什么含义吗?

工作任务

手语是由于聋哑人交际的需要而产生的,它已作为聋哑人的一种语言,逐渐为人们所接受。本任务就是要带领大家学习一些日常生活中常见的手语。

预备知识

手语包括手指语和手势语。手指语是用手指的指式变化和动作代表字母,并按照拼音顺序依次拼出词语。在远古时代,全人类都处在简单的有声语言阶段,常常用手做各种姿势来表示意思,这样的手势大多数是指示性和形象性的动作,叫作自然手势。此后,随着社会的进步,特别是聋哑人教育的产生与发展,开始创造出具有语言性质的手势,这种在有声语言和文字基础上产生的,与有声语言密切结合的手语,称之为人为手势。自然手势和人为手势结合成为手势语。

下面介绍几种简单的手语动作。

(1)"你好"的手语动作如图 2-1 所示。

a)"你"的手语动作

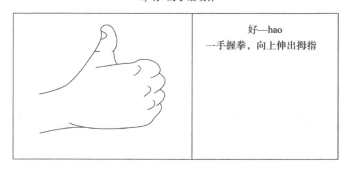

b)"好"的手语动作

图 2-1 "你好"的手语动作

(2)"大家好"的手语动作如图 2-2 所示。

(3)"请帮个忙,好吗?谢谢!"的手语动作如图 2-3 所示。

请:双手平伸,掌心向上,同时向一侧微移。
帮忙:双手斜伸,掌心向外,按动两下,表示给人帮助。

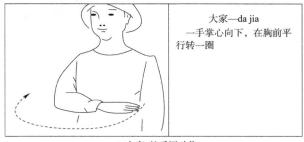

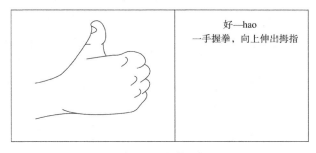

图 2-2 "大家好"的手语动作

a)"请"的手语动作　　b)"帮忙"的手语动作　　c)"谢谢"的手语动作

图 2-3 "请帮个忙,好吗?谢谢!"的手语动作

(4)"对不起、没关系"的手语动作如图 2-4 所示。
对不起:一手五指并拢,举于额际,如行军礼状,然后下移改伸小指,在胸部点几下,表示向人致歉并自责。
没:一手拇、食、中指指尖朝上,互捻一下,然后手伸开。
关系:两手拇、食指互相套环。

a)"对不起"的手语动作　　b)"没"的手语动作　　c)"关系"的手语动作

图 2-4 "对不起、没关系"的手语动作

（5）"零"至"十"的手语动作如图2-5所示。

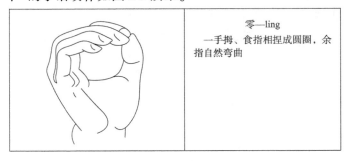

a)"零"的手语动作

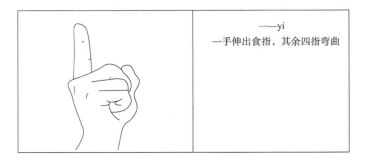

b)"一"的手语动作

c)"二"的手语动作

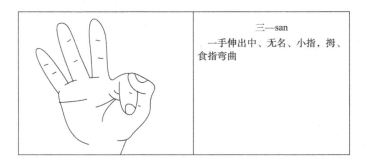

d)"三"的手语动作

图 2-5

四—si
一手伸出食、中、无名、小指，拇指弯曲

e)"四"的手语动作

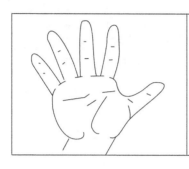

五—wu
五指一齐伸出

f)"五"的手语动作

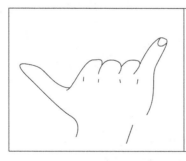

六—liu
一手伸出拇、小指，其余三指弯曲

g)"六"的手语动作

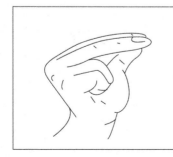

七—qi
一手拇、食、中指相捏，其余两指弯曲

h)"七"的手语动作

图 2-5

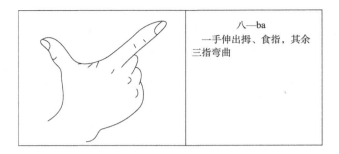

i)"八"的手语动作

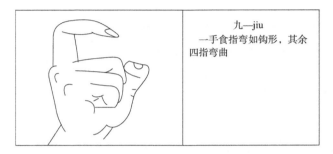

j)"九"的手语动作

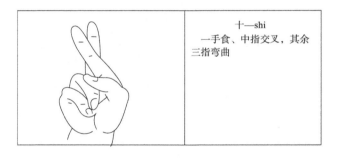

k)"十"的手语动作

图 2-5　"零"至"十"的手语动作

"上""下"的手语动作如图 2-6 所示。

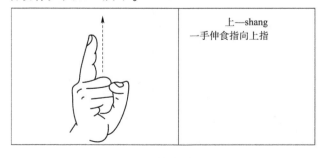

a)"上"的手语动作

图　2-6

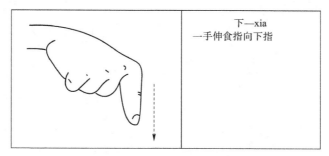

b)"下"的手语动作

图2-6 "上""下"的手语动作

"前""后""左""右"的手语动作如图2-7所示。

a)"前"的手语动作

b)"后"的手语动作

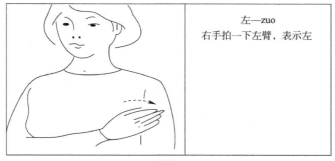

c)"左"的手语动作

图 2-7

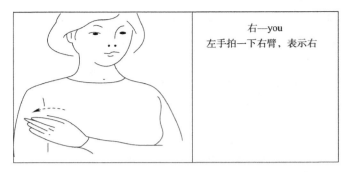

d)"右"的手语动作

图 2-7 "前""后""左""右"的手语动作

"东""南""西""北"的手语动作如图 2-8 所示。

a)"东"的手语动作

b)"南"的手语动作

c)"西"的手语动作

图 2-8

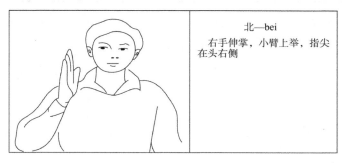

d)"北"的手语动作

图2-8 "东""南""西""北"的手语动作

任务实施

男生与女生分别按标准站姿各站成一排,两两相对,统一做同一种手势并定格,教师用绳子定好手势高度,并逐一纠正同学们手势的位置、手肘的弯曲程度以及手掌的方向等。每种手势训练10次,每次停留30秒,一男一女为一组,互相纠正训练。

这组练习能够使同学们互相检视对方手势动作的标准程度,反复练习后,可使肢体形成记忆,今后使用时快速标准地完成手势动作。

任务测评

教师依据同学们的回答情况,进行分组点评,并给出测评成绩。

序 号	评价内容	完成情况	存在问题	改进措施
1	课前知识查阅情况			
2	手掌:掌心向上,手指并拢伸直,与地面呈45度夹角			
3	手肘:自然弯曲,角度视不同手势而定			
4	手腕:手腕与手掌呈一条直线,不可有夹角			
5	视线:接待或引导时,要看向乘客面部三角区域			
6	微笑:配合手势的使用,服务人员要面带微笑			
7	语言:使用手势的同时,要结合礼貌用语,如"请"等			
8	教师评价			

课后小结

根据老师的评价,各小组进行总结。

姓名		组号		教师	
自我小结：					

任务4　高速铁路客运服务质量标准

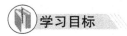

学习目标

1. 理解高铁车站、高铁列车客运服务质量标准的具体内容和要求。
2. 树立高速铁路客运服务质量标准意识，具备从事高铁客运服务工作的相关职业素养。

问题与思考

当我们乘坐高速铁路列车时，是不是时常被客运服务人员温馨、细致的服务所感动，那么你知道高速铁路客运服务有哪些具体要求吗？

工作任务

铁路部门一直非常重视客运服务质量并不断在提高服务水平，本任务就是要求大家理解高速铁路客运服务质量标准的具体内容和要求。

预备知识

一、高速铁路客运服务质量标准

高铁客运站是城市对外的枢纽，主要以旅客集散为主，其中直接为旅客提供服务的工作人员主要有：问讯处客运员、窗口售票员、候车室客运员、检票口客运员、站台客运员、出站口客运员。

(一)问讯处客运员服务质量标准

1. 班前准备

作业内容：按车站规定时间、地点，统一着装，参加点名。听取值班员传达上级命令、指示，接受工作任务及业务提问。

服务质量标准：按规定着装，佩戴标志，仪容整洁。准时参加点名会，明确工作任务和要求,准确回答业务提问。

2. 对岗接班

作业内容:接清列车运行情况、设备设施、服务备品、规章资料、票据、备用金、岗位卫生。对岗交接并签字交接。

服务质量标准:列车运行情况、正晚点情况清楚,设备设施完整,性能良好,规章资料、备品齐全,定位存放。票据、备用金账款相符,交接清楚。卫生符合标准。

3. 问询服务

作业内容:面向旅客,热情接待旅客问询。接听电话,解答旅客问询。发售站台票。定时与广播、售票、计划、行包、客运值班室联系,掌握列车运行、客运计划、售票组织、旅客乘降、行包运输和票运价等有关情况。检查自动查询系统信息是否准确并处理。做好规章、文电、资料的整理、修改、保管工作。

服务质量标准:有问即答,答必正确,对答有礼,态度和蔼。做到:不急慢、不粗鲁、不急躁、不厌烦,不说"大概、可能、也许、好像、差不多、自己看"等语言。

接听电话及时,铃响不得超过三声。站台票按规定发售,停售时及时对外公告。

业务资料完整齐全整洁,修改及时正确;分册装订,定位摆放、有编号、有目录,方便查阅。

4. 交班准备

作业内容:整理票据,按规定时间结账缴款。整理服务备品、规章资料,认真填写交接班本。进行卫生大清扫。

服务质量标准:票、款相符,无票据丢失。服务备品、规章资料齐全,存放定位。岗位卫生符合标准。做到"四不交":列车运行情况不清不交,设备设施备品丢损责任不清不交,应处理事项未处理不交,卫生不达标不交。

5. 对岗交班

作业内容:对岗交接并签字确认。

服务质量标准:列车运行、正晚点情况清楚,设备设施完整,性能良好,规章资料、备品齐全,定位存放。票据、备用金、账款相符。

6. 参加完工会

作业内容:汇报本岗位工作情况,听取值班员对工作的总结。

服务质量标准:参加准时,汇报实事求是。

(二) 窗口售票员服务质量标准

1. 参加点名会

作业内容:检查着装和仪容仪表。接受班前业务试问。摘抄文电、命令。

服务质量标准:穿着规定制式服装,不混搭混穿,仪容仪表整洁,女性窗口售票员化淡妆上岗,职务标志齐全完整。接受业务试问,按要求回答。明确文电、命令指示的重点事项,工作预想到位。

2. 请领找零基金

作业内容:请领找零基金。

服务质量标准:找零基金当面清点,清点正确后在找零基金登记簿上签字确认。

3. 对岗接班

作业内容：对岗接班。

服务质量标准：列队上岗，走姿端正，经指定线路进入售票厅。做到票据交接正确，设备使用状态良好，备品齐全，环境卫生清洁。

4. 填写客货票据和进款交接班登记簿

作业内容：填写客货票据和进款交接班登记簿。

服务质量标准：在客货票据和进款交接班登记簿上正确填写本窗口各种票据名称、起止号、数量。字迹清楚、不潦草、不省略。新请领的票据要及时登记。客货票据和进款交接班登记簿如有书写错误，及时用红笔画双杠加盖人名章，在相应栏内的上二分之一处书写正确内容。

5. 解答旅客询问

作业内容：解答旅客询问。

服务质量标准：解答旅客询问时，要面向旅客、面带微笑。使用文明用语，态度和蔼、音调适宜。仔细查询、有问必答。

6. 正确发售车票

作业内容：正确发售车票。

服务质量标准：执行"问、输、收、做、核、交"六字售票法工作流程。做到无误售，认真核对，唱收、唱付，票款相符。

7. 正确办理退票

作业内容：正确办理退票。

服务质量标准：执行"看、输、核、盖、交"五字退票法工作流程。退票做到不退过期失效票，不退开车后2小时改签车票。银行卡购买的车票退票时，退票款退到原购票银行卡中，POS机退款凭条商户联按时间顺序贴。注意识别伪票，加盖戳记，唱付清楚，退款正确，妥善保管票据不丢失。

8. 暂停作业

作业内容：暂停作业。

服务质量标准：暂停售票前，要提前向旅客做好解释工作，摆放"暂停售票"牌；售票页面切换到暂停界面；现金、票据、凭条加锁，万元现金锁入金柜。离岗超过15分钟以上时，退出售票程序，将窗口LED显示屏显示的内容更改为"停止售票"。

9. 作业纪律

作业内容：作业纪律。

服务质量标准：执行相关规章制度和作业标准，不违章作业。

10. 结账作业

作业内容：结账作业。

服务质量标准：现金清点正确，凭条累计准确，准确输入金额，做到先交款后结账，结账时不准代交，交款时必须当面点清，账款相符后方可离开。

11. 班后总结

作业内容：班后总结。

服务质量标准：根据本班工作进行自我讲评，实事求是，有问题不隐瞒，总结经验教训。

(三)候车室客运员服务质量标准

1. 班前准备

作业内容:按车站规定时间、地点,统一着装参加点名。听取值班员传达上级命令、指示,接受工作任务及业务提问。

服务质量标准:按规定着装,佩戴标志,仪容整洁。准时参加点名会,明确工作任务和要求,准确回答业务提问。

2. 对岗接班

作业内容:接清旅客列车运行、各次列车旅客候车计划安排、重点旅客、设备备品、台账资料、岗位卫生等情况对岗交接并签字交接。

服务质量标准:列车运行、股道运用及旅客候车情况清楚,设备设施完整,备品齐全定位,旅客候车秩序好,重点旅客有登记,卫生符合标准。

做到"五不接":列车运行情况不清不接,设备设施备品丢损责任不清不接,应处理事项未处理不接,重点旅客情况不明不接,卫生不达标不接。

3. 候车服务

作业内容:按规定位置悬挂旅客留言簿。做好进站验票工作,组织候车,查堵危险品(无安检人员时)。巡视候车室,解答旅客问询,虚心听取旅客意见,接受旅客监督,对重点旅客重点照顾。做好候车室开水供应。根据列车运行情况,检查候车车次信息是否正确,组织旅客有序候车。

动员携带超重、超大、超限行李的旅客办理托运。检查检票车次信息是否正确,进行检票通告,通报检票车次、开车时间、列车停靠站台。组织旅客排队检票进站,检票做到"一确认、二下剪"(一确认:车票是否有效,车次、日期、经由、到站是否相符;二下剪:确认后加剪)。按车站规定停止检票时间,显示停检标识及停检作业。做好卫生、禁烟宣传,保持候车区域环境卫生。贵宾室、软席候车室做好接待、服务使用。

服务质量标准:使用普通话,热情为旅客服务。做到"四勤":勤宣传,勤访问,勤整理,勤观察。全面服务做到"三要四心五主动",对重点旅客做到"三知""三有"。候车室无闲杂人员,整洁卫生,禁烟落实,备品定位,候车车次显示及时。开水供应充足,桶(器)加锁。按规定时间检票:始发站提前40分钟,中间站提前20分钟。做到不晚剪、不早停。检票做到:先重点,后团体,再一般旅客。

杜绝无票人员(车站同意上车补票的除外)及闲杂人员进站,做到"六不放""两消灭":携带"危险品"不放,携带品超重超限不放,减价不符不放,儿童单独旅行不放(经铁路同意除外),精神病患者无人护送不放。消灭误检、漏检。

实行首问首诉负责制,虚心接受旅客意见,准确解答旅客问询。

涉外服务,热情友好,不卑不亢,遇到问题,请示报告,尊重外宾的风俗习惯和宗教信仰。执行安全保密制度,不该说的话不说,不该知道的事不问,保守机密。

文明礼貌地做好领导、外宾、旅客服务工作,防止无关人员进入软席候车室(贵宾室)。

台账资料齐全。

4. 交班准备

作业内容:整理设备备品、业务资料、车次牌。认真填写交接班簿。做好卫生保洁相关工作。

服务质量标准：交班事项记载清楚，设备备品、车次牌、业务资料存放定位，完好无短少；卫生符合标准；做到"五不交"：列车运行情况不清楚不交，设备设施备品丢损责任不清不交，应处理事项未处理不交，重点旅客情况不明不交，卫生不达标不交。

5. 对岗交班

作业内容：对岗交接并签字确认。

服务质量标准：列车运行、股道运用及旅客候车情况清楚，设备设施完整，备品齐全定位，旅客候车秩序好，重点旅客有登记，卫生符合标准。

6. 参加完工会

作业内容：汇报本岗位工作情况。听取值班员对工作的总结。

服务质量标准：参加准时，汇报实事求是。

(四) 检票口客运员服务质量标准

1. 参加点名会

作业内容：检查着装和仪容仪表。接受班前业务试问。摘抄文电、命令。

服务质量标准：穿着规定制式服装，不混搭混穿，仪容仪表整洁，女性检票口客运员化淡妆上岗，职务标志齐全完整。接受业务试问，按要求回答。明确文电、命令指示的重点事项，工作预想到位。

2. 对岗接班

作业内容：对岗接班。

服务质量标准：听从客运值班员安排，列队上岗，排列有序，走姿端正。

对岗交接：交清列车运行情况、设备情况、重点旅客情况、服务备品情况及其他重点要求，交接不清，接者负责。

3. 检票前准备作业

作业内容：检票前准备作业。

服务质量标准：票剪、钥匙、扩音器、对讲机佩戴齐全。开车前20分钟到岗，对检票闸机、自动感应门、扶梯等设备设施运行情况以及检票显示屏显示内容是否正确进行检查，确保设备设施状态良好，发现问题及时上报。

组织持磁介质、软纸车票旅客分别在检票闸机口和人工检票口排队，客流较大时对旅客所持的软质车票进行预剪。

向旅客介绍检票机的使用方法，语言规范、清晰准确。

4. 组织旅客检票作业

作业内容：组织旅客检票作业。

服务质量标准：列车开车前15分钟开始检票，组织持磁介质车票的旅客正确使用检机进站，做好监控、防护工作。对持软质车票的旅客进行"票、证、人"核对，核对无误后加剪软质车票。维持检票秩序，严格执行开车前3分钟停检制度，确保旅客乘降安全和列车正点运行。引导当日当次未上车旅客办理改签并做好解释工作。

5. 解答旅客询问，向重点旅客提供服务

作业内容：解答旅客询问，向重点旅客提供服务。

服务质量标准：解答旅客询问时，面向旅客，站立回答，做到有问必答，答必正确，实行

"首问首诉"负责制。清楚重点旅客情况,与站台客运员提前联系,共同配合,重点交接,保证重点旅客安全乘车。

6. 非正常情况下,实施应急处置预案,将突发情况进行上报

作业内容:非正常情况下,实施应急处置预案,将突发情况进行上报。

服务质量标准:按规定程序进行应急处置;信息上报及时准确。

7. 清理所在工区的环境卫生,物品定位摆放

作业内容:清理所在工区的环境卫生,物品定位摆放。

负责所在工区的环境卫生工作,确保桌椅、地面无灰尘,杂物、垃圾清倒及时。桌椅摆放整齐,工具、备品定位摆放。

8. 参加班后总结会,按照上级要求落实学习培训计划

作业内容:参加班后总结会,按照上级要求落实学习培训计划。

服务质量标准:按规定参加班后总结会,总结班中工作的不足,及时整改。积极参加培训及业务考试,禁止迟到、早退、无故不参加。积极参加各项业务竞赛活动。

(五)站台客运员服务质量标准

1. 班前准备

作业内容:按车站规定时间、地点,统一着装参加点名。听取值班员传达上级命令、指示,接受工作任务及业务提问。

服务质量标准:按规定着装,佩戴标志,仪容整洁。准时参加点名会,明确工作任务和要求,准确回答业务提问。

2. 对岗接班

作业内容:接清列车运行、旅客进站通道、候车情况及设备设施、工具备品、岗位卫生。对岗交接并签字交接。

服务质量标准:列车运行情况、停靠站台、正晚点清楚,设备设施完整,备品齐全定位,卫生符合标准。做到"三不接":列车运行情况不清不接,设备设施备品丢损责任不清不接,卫生不达标不接。

3. 站台服务

作业内容:按列车预告上岗,检查站台有无障碍物,清理闲杂人员。检查站台列车有关信息显示情况。引导旅客安全通过天桥、地道,组织旅客站在安全线内,做好安全宣传和防护,随时注意旅客动态,防止旅客钻车、爬车及横越股道。协助列车员组织旅客有序乘降,对重点旅客实行重点照顾。做好宣传,引导下车旅客安全通过出站通道出站,防止旅客对流。开车铃响后,组织送车人员站在安全线内,目送列车出站。列车出站后,清理站台闲杂人员及无关车辆,做好站台卫生保洁相关工作。

服务质量标准:上岗及时,站内无闲杂人员,秩序良好。列车信息显示及时、正确。

重点旅客做到送上车,送出站。迎送列车做到姿势端正,间距适当,足踏白线,目迎目送,以列车进入站台开始至开出站台为止。旅客乘降秩序好,天桥、地道不对流,达到"四无":无旅客伤亡事故、无责任晚点、无旅客漏乘误乘,无旅客跨越股道钻爬车底。卫生达到站台无纸屑,无烟头,股道内无垃圾,符合部颁标准。

4. 交班准备

作业内容：整理服务设施设备和备品。做好卫生保洁相关工作。

服务质量标准：服务设施设备和备品、存放定位，无短少，卫生符合标准，做到"三不交"：列车运行情况不清不交，设备设施备品丢损责任不清不交，卫生不达标不交。

5. 对岗交班

作业内容：对岗交接并签字确认。

服务质量标准：列车运行情况、停靠站台、正晚点清楚，设备设施完整，备品齐全定位，卫生符合标准。

6. 参加完工会

作业内容：汇报本岗位工作情况。听取值班员对工作的总结。

服务质量标准：参加准时，汇报实事求是。

（六）出站口客运员服务质量标准

1. 班前准备

作业内容：按车站规定时间、地点，统一着装参加点名。听取值班员传达上级命令、指示，接受工作任务及业务提问。

服务质量标准：按规定着装，佩戴标志，仪容整洁。准时参加点名会，明确工作任务和要求，准确回答业务提问。

2. 对岗接班

作业内容：接清列车运行情况、设备设施、服务备品、规章资料、票据、备用金、岗位卫生及续办情况。对岗交接并签字交接。

服务质量标准：列车运行、正晚点情况清楚，设备设施完整，性能良好，规章资料、备品齐全定位，票据、备用金、账款相符，交接清楚，卫生符合标准。计量器误差率不超过规定标准。

3. 验票补票

作业内容：检查列车正晚点信息显示情况。按列车预告上岗，检查出站通道畅通，做好验票准备工作。组织出站旅客排队，认真查验车票。查堵无票、车票不符及携带品超重的旅客，补收票款、运费。及时修改有关业务资料。

服务质量标准：做好宣传，组织旅客排队出站，做到秩序井然，不挤不乱。纠正违章，做到实事求是，态度和蔼，耐心宣传，文明执行规章制度，不搜身、扣压物品。检斤准确，计费标准，制票规范，不误收漏收、乱补乱罚，维护路收。业务资料修改正确、及时。

4. 交班准备

作业内容：整理票据，按规定时间结账缴款。整理设备备品、规章资料，认真填写交接班簿。做好卫生保洁相关工作。

服务质量标准：票、款相符，无票据丢失，溢短收率不超五万分之一。服务备品、规章资料齐全，存放定位。岗位卫生符合标准。做到"四不交"：列车运行情况不清不交，设备设施备品丢损责任不清不交，应处理事项未处理不交，卫生不达标不交。

5. 对岗交班

作业内容：对岗交接并签字确认。

服务质量标准：列车运行、正晚点情况清楚，设备设施完整，性能良好，规章资料、备品齐全定位,票据、备用金、账款相符,交接清楚,卫生符合标准。计量器误差率不超过规定标准。

6. 参加完工会

作业内容:汇报本岗位工作情况。听取值班员对工作的总结。

服务质量标准:参加准时,汇报实事求是。

二、动车组列车服务质量标准

动车组列车上,经常与旅客接触进行服务的工作人员主要有列车长、列车员、餐服员、乘服员等,各种乘务人员各司其职,共同为旅客服务。

(一)动车组列车长服务质量标准

1. 出乘准备

作业内容:按时到指定地点报到,接受命令指示,确认担当乘务情况,填写《乘务日志》,领取有关设备及票据。准时到指定地点列队点名,召开出乘会,检查乘务员仪容仪表,传达命令、指示,布置乘务任务。携带客运业务资料及移动补票机、无线对讲机等设备,列车进站前组织乘务组在站台接车。

服务质量标准:出乘准时,命令、指示记录准确,任务明确,设备齐全,性能良好。规定着装标志,仪容仪表规范,列队整齐,乘务包统一;布置工作重点突出,措施具体,达到人人清楚。资料携带齐全,设备状态良好,接车准时。

2. 始发站准备

作业内容:调试对讲机,与司机校对时间及车次。接车巡视,组织列车员检查列车服务设施设备及上水情况,验收车厢卫生,办理交接、做好记录。在指定位置处立岗,做好重点旅客引导。站台巡视,重联时注意沟通信息。联控车门。重联时,后列车长向前列车长确认旅客乘降完毕,前列车长呼叫司机关闭车门。列车关门后在车门处立岗监控。

服务质量标准:校对准确,检查细致,记录翔实、交接清楚。立岗及时,引导有序,安排妥善,通知及时。确认旅客乘降细致、及时。

3. 始发站开车

作业内容:开车后播放欢迎词及乘车须知。组织列车安全检查。查询乘车人数。组织核票,同时进行禁烟宣传。

服务质量标准:按时播报,音量适中;重点旅客重点照顾,服务旅客耐心周到。核票认真,耐心解答问询。

4. 途中作业

作业内容:巡视车厢,检查车容、卫生情况。发现故障及时通知随车机械师,纠正违规作业行为。组织验票,处理各种票务问题。组织乘务员轮换用餐,用餐时间15分钟。按规定播放广播。

服务质量标准:巡视认真、细致,处理问题及时、妥当。处理票务问题耐心、细致。

5. 途中停站作业

作业内容:确保途中卫生达标,到站前10分钟确认车门状态。在指定车门处立岗,做好重点旅客引导。完成与站台客运员的业务交接。开车铃响,按始发站车门关闭程序通知司机关闭车门。

服务质量标准:到站立岗及时,引导有序,安排妥善。业务交接准确、认真。确认旅客乘降完毕准确,通知及时。

6. 终到作业

作业内容:巡视车厢,督促车容整理。提示引导重点旅客下车。列车到站后,在指定站台位置处立岗,与旅客道别,协助重点旅客下车。与站台客运员办理业务交接。

服务质量标准:立岗标准,举止规范、主动热情。巡视动作迅速,检查仔细。

7. 折返作业

作业内容:督促列车整备,恢复车容,并登记。检查水箱水位,发现问题及时处理。按始发站立岗迎客。非立即折返,保管好相关设备。召开返程会。

服务质量标准:处理问题及时,妥当。立岗标准、举止规范。

8. 退乘作业

作业内容:组织用品清点。带领客运乘务人员列队退乘。按规定缴款。召开退乘会,总结出乘情况。

服务质量标准:总结重点突出;队列整齐;交款及时,有专人护送,账款相符;设备交接清楚,手续完备。

(二) 动车组列车员服务质量标准

1. 出乘准备

作业内容:准时到指定地点列队点名,参加出乘会,整理仪容仪表,接受列车长命令,确认担当乘务情况,检查设备性能。列车进站前随列车长统一列队在站台接车。

服务质量标准:出乘准时,规定着装标志,做到仪容仪表规范,列队整齐,乘务包统一。资料携带齐全,设备状态良好,接车准时。

2. 始发站准备

作业内容:校验对讲机。对列车保洁整备质量进行检查,整理车容,并向列车长汇报检查情况。

服务质量标准:检查认真,记录翔实,交接清楚。

3. 始发站出场作业

作业内容:在指定车厢边门处(站台)立岗,引导重点旅客就位,指引旅客放置行李。确认旅客乘降完毕后,检查车门关闭是否正常,向列车长汇报。

服务质量标准:立岗及时,引导有序,安排妥善。确认旅客乘降完毕细致、汇报及时。

4. 始发站开车后作业

作业内容:整理车容。巡视车厢,检查行李摆放情况。查验车票并进行禁烟宣传,并协助办理补票、补费业务。核定乘车人员,做好旅客乘车登记。督促检查途中保洁作业质量,如实填写验收记录,及时跟踪整改情况。掌握重点旅客动态,落实"首问首诉"负责制。发现设备故障,及时向列车长汇报。遇有列车晚点,做好旅客安抚和解释工作。

服务质量标准:行李物品摆放平稳,通道保持畅通;核对席位仔细,态度和蔼;登记及时,记录准确;减少对旅客的干扰。保洁卫生验收检查仔细,质量达标;重点旅客重点照顾,服务旅客耐心周到。设备故障汇报及时,确保设备作用良好。解答问询耐心,解释安抚及时。

5. 途中作业

作业内容：巡视车厢，回答旅客问询，检查设备设施使用情况，发现吸烟立即报告，掌握水箱情况，协助卫生保洁，补充消耗品。播放广播。轮换用餐。验票，协助处理各种涉票事项。

服务质量标准：巡视及时、细致，处理问题妥善。处理涉票事项周到、耐心。

6. 途中停站作业

作业内容：到站前清扫，提前通报旅客做好下车准备。到站后，在指定车厢边门处（站台）立岗，与旅客道别，协助重点旅客下车。投放垃圾。进行车门监控。

服务质量标准：立岗标准，主动热情，举止规范。动作迅速，通知及时。

7. 终到作业

作业内容：协助乘服员进行卫生清扫、车容及备品整理。终到提醒，协助重点旅客下车。车门立岗，送别旅客。交接班时，清点备品（卧具），办理交接。检查遗失物品，做好记录并报告列车长。

服务质量标准：提醒及时，立岗标准，主动热情，举止规范。检查细致，记录准确，报告及时。

8. 折返作业

作业内容：恢复车容，确保设备设施使用正常，干净整洁。确认折返上水情况。车门立岗迎客。非立即折返，保管好相关设备。参加返程会。

服务质量标准：立岗标准，主动热情，举止规范。恢复车容细致、认真。

9. 退乘作业

作业内容：做好备品清点交接。协助列车长进行交款作业。参加退乘会，听取列车长当趟乘务工作总结。在列车长的带领下列队退乘。

服务质量标准：认真听记，队列整齐。

(三) 动车组餐服员服务质量标准

1. 出乘准备

作业内容：确保各类商品无误，参加出乘会，整理仪容仪表，接受列车长命令，确认担当餐服情况。列队接车，将乘务用品定位摆放。

服务质量标准：穿着规定制服，佩戴职务标志，做到仪容仪表规范、列队整齐。携带资料齐全，设备状态良好，接车准时。

2. 始发站准备

作业内容：确认设备使用良好。整理餐车时，做到摆放整齐、美观，分类放置；及时更新价目表；售货车使用良好，占用空间恰当。检查餐车内各种设备设施的使用状态，注意二次保洁。检查、整理各种资料、票据。

服务质量标准：餐车整理检查细致认真，记录翔实，交接清楚。

3. 始发站出场作业

作业内容：吧台立岗，站姿规范，对经过的旅客问好。检查餐车侧门、后厨边门。

服务质量标准：立岗及时，站姿规范，面带微笑，对经过的旅客行15°鞠躬礼并向旅客问好。检查仔细认真，汇报及时。

4. 途中作业

作业内容：销售商品，主动介绍，用语标准，找零及时。进行食品加热，现热现卖；加热后超过2小时未售出的盒饭一律销毁。随时关注餐车内设备设施情况。回答旅客询问。及时联系补充商品事宜。检查商品的有效期和包装状态并进行处置。

服务质量标准:销售商品应主动介绍商品,服务热情,用语标准;递送动作迅速、双手端拿;熟悉所售商品情况。注意食品的清洁。回答旅客问询时耐心、细致。商品登记及时,记录准确。不合格商品处置合理、及时。

5. 终到作业

作业内容:终到前30分钟,做好餐车卫生清扫工作,清点各种商品,打包装箱。终到前2分钟,在吧台立岗送别旅客。

服务质量标准:清扫细致、认真,动作迅速。立岗标准,举止规范。

6. 折返作业

作业内容:清点库存餐食,整理吧台,补充商品,账目准确,售货车状态良好。检查上水情况。做好交接。参加返程会,明确返程重点工作。

服务质量标准:商品清点细致、准确。交接及时,手续完备。

7. 退乘作业

作业内容:清点商品并打包装箱,与保管人员进行交接。接受点名。参加退乘会。汇报列车餐售工作情况。

服务质量标准:列队整齐,认真听记。

(四)动车组乘服员服务质量标准

1. 出乘准备

作业内容:准时到指定地点列队点名,参加出乘会,整理仪容仪表,接受列车长命令,确认担当乘服情况,检查设备性能。列车进站后,列队登车,迅速将乘务包等用品定位摆放。

服务质量标准:出乘准时,按规定着装,做到仪器、仪表规范,列队整齐,乘务包统一。资料携带齐全,设备状态良好,接车准时。

2. 始发站准备

作业内容:确保对讲机使用正常。对列车保洁整备质量进行检查验收,并对漏项进行处理。

服务质量标准:检查认真,处理得当。

3. 始发站出场作业

作业内容:在规定车门内立岗,引导旅客乘降,引领重点旅客就座,指引旅客放置行李。检查车门是否正常关闭。

服务质量标准:立岗及时,引导有序,安排妥善。检查细致。

4. 途中作业

作业内容:清扫车内过道、卫生间、车厢连接处。每30分钟清洁一次。及时擦抹地面、卫生间、各处所玻璃、电镀件;注意补充一次性纸杯;及时对卫生间进行消毒;及时清理垃圾。辅助开餐,开餐前放出冷水,开餐后收取垃圾。车内巡视,解决旅客的问题,进行安全宣传。

服务质量标准:保洁及时、细致,质量达标。服务旅客耐心周到。

5. 途中停站作业

作业内容:到站前做好卫生清扫、车容整理。在规定车门立岗,发现车门故障立即通知列车长。组织旅客乘降,引导旅客就位,引领重点旅客就座,指引旅客放置行李。将垃圾投放在站台指定位置。车门监控,发现故障,及时通知列车长。

服务质量标准:到站立岗及时、引导有序,安排妥善。及时投放垃圾。

6. 终到作业

作业内容:进行卫生清扫、车容整理、垃圾投放,整理服务备品和消耗品。对重点旅客进行到站提醒,协助下车。车门外立岗。检查旅客遗失物品,准确记录并报告列车长。

服务质量标准:卫生清理细致、认真,质量达标。立岗及时、引导有序,服务旅客热情、耐心。检查仔细,旅客遗失物品及时上交列车长。

7. 折返作业

作业内容:折返整备,卫生清扫,用品摆放整齐,卫生达标。按始发站迎客作业标准立岗迎客。非立即折返时,及时清点备品、消耗品数量。

服务质量标准:卫生清理细致、认真,质量达标。立岗及时、引导有序,服务旅客热情、耐心。清点用品仔细、认真。

8. 退乘作业

作业内容:接受点名,参加退乘会,听取列车长当趟乘务工作总结。在列车长的带领下列队退乘。

服务质量标准:认真听记,队列整齐。

 任务实施

同学们结合自己坐过车的经历和课前预习,说说你认为在客运服务过程中,哪些环节让你感动,哪些环节让你觉得不符合职业标准,最后由教师总结。

 任务测评

教师依据同学们的回答情况,进行分组点评,并给出测评成绩。

序 号	评 价 内 容	完成情况	存 在 问 题	改 进 措 施
1	课前知识查阅情况			
2	高速铁路客运服务质量标准掌握情况			
3	教师评价			

课后小结

根据老师的评价,各小组进行总结。

姓名		组号		教师	
自我小结:					

项目3　高速铁路客运服务礼仪

任务1　铁路客运服务礼仪

学习目标

1. 了解铁路客运服务的礼仪的含义、内容,理解铁路客运服务礼仪的重要性以及应遵守的原则,掌握铁路客运服务礼仪的基本理论。
2. 树立铁路客运服务礼仪观念,形成从事高铁客运服务工作的礼仪意识。

问题与思考

我们坐火车时,经常会被服务人员的服务所打动,你知道作为一名铁路客运服务人员,都需要具备哪些素质吗?

工作任务

本任务将带领大家了解铁路客运服务的礼仪的含义、内容,掌握高速铁路客运人员的基本素质。

预备知识

一、铁路客运服务礼仪的含义

铁路客运服务礼仪,是指铁路车站、列车服务工作中向旅客表示敬意的仪式,是在服务工作中形成的得到共同认可的礼貌、礼节和仪式,是客运工作人员必须遵循的服务规范。掌握服务礼仪,做到礼貌待客,是做好铁路客运工作的先决条件。塑造铁路客运服务的礼仪礼貌,不仅是服务人员的工作需要,也是一个人文化修养的直接表现。

二、学习铁路客运服务礼仪的意义和要求

对于广大铁路客运服务人员来讲,提升自己的服务礼仪水平和质量,首先要加强爱岗敬业和职业道德教育,树立正确的人生观和价值观,形成讲奉献、比进取的良好氛围;其次要注重提高自己的服务意识,关注细节服务,掌握整个服务过程中旅客的需求;最后,要从服务形象、服务礼仪、服务姿态、服务用语等基础的技能培训着手,认识到服务意识是

前提,服务技能是基础,不断改进服务工作、提升服务礼仪水平,树立铁路服务的良好窗口形象。

1. 学习客运服务礼仪的意义

为创建铁路客运优质服务、提高铁路客运职工的综合素质,学习服务礼仪有着十分重要的意义:

(1)铁路客运服务工作的特点是直接为旅客提供服务,良好的服务礼仪可以弥补某些客运设施条件的不足,会产生积极的社会效果,满足旅客的心理需求。

(2)铁路客运服务礼仪体现铁路企业的管理水平和服务水平。客运服务是铁路企业精神文明的窗口,员工的礼仪规范不单是个人形象问题,也反映了铁路的企业形象,同时还反映出国家和民族的道德水准、文明程度和精神面貌。

(3)学习铁路客运服务礼仪可以塑造铁路职工爱岗敬业的完美自我形象。每位站、车服务人员在工作中良好的礼仪和内在美,既是自尊自爱的表现,也是事业心、责任心、自豪感的具体反映。

2. 客运服务礼仪的具体要求

1)树立"以旅客为中心"的思想观念

走进铁路车站、列车的人,都是铁路的客人、朋友,是我们服务的对象。尊重旅客,树立"以旅客为中心"的观念,是提供优质服务的基础。"以旅客为中心",就是在考虑问题时、提供服务时、安排工作时,都要想旅客之所想、急旅客之所急。在接待旅客的过程中,不仅要满足旅客在物质方面的需求,还应该通过服务人员的优质服务,使旅客心情愉快、得到精神上的满足,留下美好难忘的印象。具体说来,应做到如下几个方面:

(1)主动服务,指在旅客开口之前提供服务,意味着客运服务人员有很强的感情投入,细心观察旅客的需求,为旅客提高个性化服务。

(2)热情服务,指服务人员发自内心的满腔热情地向旅客提供良好服务,做到精神饱满、动作迅速、满面春风。

(3)周到服务,指在服务内容和项目上能细致入微,处处方便旅客,千方百计为旅客排忧解难。

2)时时处处见礼貌

每一位客运服务人员都是礼仪大使,在服务工作中都应承担服务大使的责任,以主人翁的精神,通过语言、动作、姿态、表情、仪表等体现对旅客的友好和敬意。同时也应注意各国各民族一些独特的礼节风俗习惯,灵活运用到服务接待中去,使旅客感受到服务的热情和真诚,赢得旅客的尊重。

在服务过程中,还应注意的是服务产品具有完整性。一个环节、一个时刻出现差错,就会损害铁路的整体形象,就难以使旅客获得愉快的感受,正是"100-1=0"这个礼仪服务公式所表达的含义。所以,讲究礼仪应自始至终,体现在服务过程的每一个细微之处。

3)旅客永远是对的

坚持"以人为本、宾客至上"的原则,已经成为服务行业的共识。旅客花钱到列车上来是为了享受列车服务、得到尊重,如果感到客运服务人员的怠慢无礼,就会觉得是花钱买罪受。客运服务人员应树立强烈的服务意识,遵循"旅客永远是对的"原则,妥善处理各类服务事项。即便遇到一些不讲理的旅客,也应该把"对"让给旅客,得理也应让人,这样,旅客就能感受到受尊重,从而"化干戈为玉帛"。

作为客运服务人员,首先要为旅客着想,不能从主观愿望去设想或要求旅客怎样,这样容易出现挑剔旅客、排斥旅客、冷落旅客、怠慢旅客的情形,不管旅客是什么身份,都要积极、主动、热情地接近对方,淡化彼此之间的冷漠和戒备,为服务打开方便之门;其次要学习和掌握服务技巧,处理问题时,语言表达应语气委婉、巧妙得体,尽量照顾旅客的面子,既解决了问题,又尊重了旅客。这样可以使旅客感到铁路的服务水平,展现了铁路的风貌。

三、高速铁路客运人员的基本素质

1. 道德修养

(1)热爱祖国、热爱铁路事业、热爱本职工作。

(2)遵守国家法律、法规和铁路行业管理规章制度,自觉维护旅客和企业合法权益。

(3)尊重旅客的民族习俗和宗教信仰,对不同种族、国籍、民族的旅客一视同仁。

(4)有高度的工作责任心,诚实守信,敬业爱岗,忠于职守。

(5)爱护站车设备设施,不占有、浪费服务备品和餐饮供应品,廉洁自律,公私分明。

(6)尊老爱幼,谦虚谨慎,真诚热情,努力树立动车组站车客运人员良好形象。

2. 职业风貌

(1)听从指挥,团结协作,工作认真,有严谨的工作作风。

(2)精神饱满,仪容整洁,行为端庄,举止文明,有健康向上的风貌。

(3)服务主动,细致周到,表情亲切,言语和蔼,有亲和力。

(4)遵章守纪,落实标准,有严于律己的自觉性。

3. 职业素质

(1)勤奋学习,钻研业务,有较高的文化素养和较全面的专业知识。

(2)能运用普通话,熟练掌握常用英语会话,具备良好的语言表达和文字写作能力。

(3)了解旅客的不同需求及心理特点,掌握相应的服务技巧。

(4)熟知作业程序和标准,熟练使用服务设备设施,能为旅客提供及时、准确的服务。

(5)熟知安全措施和应急预案,熟练使用安全设备设施,具备妥善处理突发事件的应急、应变能力。

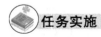

同学们结合自己坐火车的经历,谈谈铁路客运服务人员是如何服务的,最后由教师点评、总结。

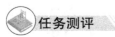

教师依据同学们的回答情况,进行分组点评,并给出测评成绩。

序　号	评价内容	完成情况	存在问题	改进措施
1	课前知识查阅情况			
2	高速铁路客运人员的基本素质掌握情况			
3	教师评价			

课后小结

根据老师的评价，各小组进行总结。

姓名		组号		教师	
自我小结：					

任务2　高速铁路客运服务仪容仪表

学习目标

1. 理解高速铁路客运服务仪容仪表要求，掌握高速铁路客运服务仪容仪表礼仪训练的基本内容。
2. 深化高速铁路客运服务礼仪意识，具备高速铁路客运服务礼仪的基本职业素质。

问题与思考

作为一名高速铁路客运服务人员，应该通过恰当的化妆修容，搭配合适的发式造型完成自己的仪容修饰，给乘客留下好的第一印象。客运服务人员应当把握好自身形象，当乘客对服务人员的形象产生良性第一印象后，会对后续的服务或交往过程产生积极的影响；反之，则会产生消极的影响。那么，对客运服务人员的仪容仪表有哪些要求呢？

工作任务

仪容仪表是客运服务人员在服务中不可忽视的一个重要方面，本任务就是使同学们掌握客运服务仪容仪表的相关要求以及具体做法。

预备知识

仪表是指人的外表，一般包括人的容貌、服饰、姿态、风度等，是一个人的精神面貌和内在素质的外在体现。仪容通常指的是一个人的容貌。仪态是指人的行为中的姿态和风度。一个人的仪容仪表往往与他的生活情调、思想修养、道德品质和文明程度密切相关。仪容与仪表礼仪关键就是要做到符合"美"的要求,具体要做到美观、清洁、卫生、得体等。高铁客运人员必须注意自身的仪容仪表,给旅客留下良好的服务形象。

一、高速铁路客运人员仪容仪表礼仪

在服务过程中,客运人员的仪容仪表是一个不容忽略的重要因素。良好的仪容仪表会给人留下美好的第一印象,同时也是礼貌和自尊的表现。

仪容受两个因素的影响:一是本人的先天条件,二是本人的**修饰维护**。仪表是一个人的精神风貌、内在素质的外在体现。

客运人员在修饰与维护本人的仪容仪表时,重点应放在面部修饰、肢体修饰、发部修饰、化妆修饰、着装等几个方面。

(一)面部修饰

客运人员在自己的工作岗位上时,必须对自己面部的修饰予以高度的重视,要使之洁净、卫生、自然。

1. 洁净

客运人员在当班时,要保持面部干净、清爽,养成勤于洗脸的良好习惯,切勿疏忽眼角、鼻孔、耳后、脖颈等处。

2. 修饰

(1)**眉部**。眉形要美观、优美,对残眉、断眉、竖眉、"八字眉",或是过淡、过稀的眉毛,要进行修饰。

(2)**眼部**。眼部要清洁,及时除去眼角上出现的分泌物。如果眼睛近视,上岗时应佩戴隐形眼镜。

(3)**耳部**。耳部要清洁,及时进行耳部的除垢,不要在工作岗位上掏"耳屎"。

(4)**鼻部**。鼻孔要清洁,避免当众以手去擤鼻涕、挖鼻孔、乱弹鼻垢,更不要用力将其吸入腹中。有鼻涕时,应避开人群及服务场所,用手帕或纸巾进行辅助清理,不要发出过大响声。

(5)**口部**。口腔要清洁,为防止口腔异味,工作前应当避免食用有刺激气味的食品。它们主要包括葱、蒜、韭菜、烈酒以及香烟等。春秋季节要做好唇部修护,防止开裂、爆皮,避免嘴角残留异物。男性乘务人员上班前要剃须,切忌留有胡须上岗。

(二)肢体修饰

1. 手臂的修饰

(1)不要蓄长指甲。

(2)不要涂彩指甲,或者在指甲上进行艺术绘画。

(3)不要腋毛外露。

2. 腿脚的修饰

(1)勤换袜子。服务人员应勤洗脚外,还必须勤换袜子。

(2)勤换鞋子。在穿鞋子前,务必要细心清洁好鞋面、鞋跟、鞋底等处,使其一尘不染。
客运人员应注意:不要光腿,不要光脚,不要露趾。

(三)发部修饰

为了确保自己的发部整洁,维护本人的完美形象,客运人员必须自觉地对自己的头发进行清洗、修剪和梳理。

1. 女性客运人员
(1)每天保持头发干净,有光泽,无头皮屑。
(2)短发最短不得短于两寸,发长最长不得过肩,刘海应保持在眉毛上方,禁止理奇异发型。
(3)任何一种发型都应梳理整齐,使用发胶、摩丝定型,不得有蓬乱的感觉。
(4)头发应保持黑色或自然棕黄色,不得使用假发套。
(5)发夹、发箍、头花应为无饰物黑色。

2. 男性客运人员
(1)每天保持头发干净,有光泽,无头皮屑。
(2)发型要得体,轮廓分明,头发应梳理整齐,使用发胶、摩丝等定型,不得有蓬乱的感觉。
(3)头发两侧鬓角不得超过耳垂底部,后部不长于衬衣领,不遮盖眉毛、耳朵,不烫发,不留胡须。
(4)不得剃光头、烫发和剪板寸头。
(5)头发应保持黑色或自然棕黄色,不得使用假发套。

(四)化妆修饰

1. 化妆的基本原则
客运人员在服务工作中,一般都应当适当地化妆,即"化妆上岗,淡妆上岗"。服务人员化妆应遵循淡雅、简洁、适度、庄重和避短的原则。
(1)淡雅。就是要求客运人员在工作时一般都应当化淡妆。淡妆,即指淡雅的化妆,亦即人们平时所说的自然妆。
(2)简洁。客运人员的岗位化妆,应当是一种简妆,并非盛妆。
(3)适度。客运人员工作妆,必须适合自己本职工作的实际需要,而且一定要切记化妆的程度要适当。
(4)庄重。客运人员的化妆,应以庄重为主要特征。一些社会上正在流行的化妆方式,不宜为客运人员在上班时所采用。
(5)避短。客运人员在化妆时,要扬长避短,弥补自己的不足。

2. 女性客运人员
当班前,必须按标准化淡妆,工作中保持妆容美观,端庄大方。补妆及时,应在洗手间或乘务间进行。不浓妆艳抹。
(1)唇线的颜色应与口红颜色一致,不得使用珠光色口红和不健康色的口红。
(2)眉毛应修剪秀丽、整齐,其颜色要与发色接近,眉笔应使用黑色、深棕色的。
(3)使用眼影,颜色应与制服颜色一致。
(4)画眼线时,颜色应使用黑色、深棕色。

(5)使用香水时,以清香、淡雅型香水为限,不可过香、过浓。可喷口香剂保持口气清新。

(6)双手要保持清洁健康,指甲修剪整齐美观,长度不超过指尖2毫米,不染彩色指甲。手指甲长度应保持一致。可涂透明色指甲油,但不得有脱落现象。

3.男性客运人员

(1)不得留胡须。

(2)双手要保持清洁健康,手指不得有抽烟留下的熏黄痕迹,指甲应保持清洁,修剪整齐,无凹凸不平的边角,长度不超过手指尖2毫米。

(3)工作中始终保持手和面部的清洁卫生。

(4)可喷口香剂保持口气清新。

(五)着装

1.女性客运人员

(1)基本要求。

女着合体,不得随意改变制服款式。制服应洗净,熨烫平整,无污渍、斑点、皱褶、脱线、缺扣、残破、毛边等现象,制服上下不得佩戴任何饰物;着制服当班时,必须佩戴职务标志。在非工作时间,除集体活动外,不得穿制服出入公共场合和乘坐列车。

(2)夏装着装要求。

连裤袜的颜色应统一为肉色或浅灰色,不得出现破洞和抽丝等现象。统一佩戴领花或丝巾。制服上装每天都须水洗。不得将笔插放在衣兜内。

(3)春秋装、冬装着装要求。

外套、上衣、裙子、裤子的纽扣和拉链等应扣好、拉紧。统一佩戴领带、领花或丝巾;系领带时,衬衣应束在裙子或裤子内,衬衣的衣袖不得卷起。裤装必须干净、平整、有裤线、不可有光亮感。穿着风衣、大衣时,须扣好纽扣,系好腰带。穿着外套、风衣、大衣时,必须戴工作帽。但在车厢、室内、送餐时可不戴。不得将笔插在衣服前襟。

(4)穿着围裙要求。

餐饮服务人员服务时应穿着围裙。穿着围裙的时间为服务餐饮之前;脱围裙的时间为收完食品包装物后。穿、脱围裙的时间必须一致。保证围裙干净、平整、整齐,穿戴完毕后应互相整理。围裙结一律系蝴蝶结状。

2.男性客运人员

(1)基本要求。

衣着合体,不得随意改变制服款式。制服应洗净,熨烫平整,无污清、斑点、皱褶、脱线、缺扣、残破、毛边等现象。制服上不得佩戴任何饰物;着制服当班时,必须佩戴职务标志。袜子的颜色应统一为深蓝色或黑色。在非工作时间,除集体活动外,不得穿制服出入公共场合和乘坐列车。

(2)夏装着装要求。

统一佩戴领带,衣领上的扣环必须扣好,上衣应束于裤内。裤子必须保持干净、平整、有裤线,不可有光亮感。制服每天必须清洗。

(3)春秋装、冬装着装要求。

袜子的颜色应统一为黑色或深蓝色,每天更换。外套、上衣、裤子的纽扣拉链等应扣好、拉紧，统一佩戴领带，衬衣应束于裤内，衬衣的衣袖不得卷起。穿着风衣、大衣时，须扣好纽扣，系好腰带。外露的皮带为黑色。穿着外套、风衣、大衣时，必须戴工作帽。但在车厢、室内时可不戴。

(六) 佩戴职务标志要求

佩戴职务标志，胸章牌(长方形职务标志)戴于左胸口袋上方正中，下边沿距口袋1厘米处(无口袋的戴于相应位置)，包含单位、姓名、职务、工号等内容。佩戴臂章时，菱形臂章佩戴在上衣左袖肩下四指处。按规定应佩戴制帽的工作人员，在执行职务时戴上制帽，帽徽在制帽折沿上方正中。除列车长外，其他客运乘务人员在车厢内作业时可不戴制帽。

(七) 皮鞋

皮鞋款式应简洁朴素，不得有任何装饰物，保持光亮无破损。不赤足穿鞋，不穿尖头鞋、拖鞋、露趾鞋，鞋跟高度不超过3.5厘米，跟径不小于3.5厘米。

(八) 饰物

(1) 必须戴走时准确的手表，手表款式、颜色简单不夸张，宽度不得超过2厘米，不得系挂怀表。

(2) 只可佩戴一枚设计简单的金、银或宝石戒指。

(3) 女性客运人员可佩戴发夹、发箍或头花及一副直径不超过3毫米的耳钉。不得佩戴耳环、耳坠等。

(4) 男性客运人员不准佩戴任何饰物。

(5) 不歪戴帽子。

二、高速铁路客运人员仪态礼仪

"形象就是服务"，一个人优雅的仪态是其形象的重要组成部分，优雅的仪态比语言更能让对方感到真诚、友好和亲切。

(一) 站姿

站立是人们生活交往中的一种最基本的举止。

站姿是人静态的造型动作，优美、典雅的站姿是发展人的不同动态美的基础和起点。优美的站姿能显示个人的自信，衬托出美好的气质和风度，并给他人留下美好的印象。

1. 正确的站姿(图3-1)

(1) 头正。
(2) 肩平。
(3) 臂垂。
(4) 躯挺。
(5) 腿并。
(6) 身体重心主要支撑于脚掌、脚弓上。
(7) 从侧面看，头部肩部、上体与下肢应在一条垂直线上。

图3-1 正确的站姿

2.服务中的站姿

在工作岗位上,当接待旅客或者为其提供具体的服务时,客运人员在保持基本站姿的基础上,可根据本人的实际情况或工作需要,适当地变化站立的具体姿势。

(1)为人服务的站姿。

在工作岗位上接待旅客时,客运人员可以采用此种站姿。当身前没有障碍之物挡身、受到他人的注视、与他人进行短时间交谈或倾听他人的诉说时,都是采用这种站立姿势的良好时机。

①头部可以微微侧向自己的服务对象,但一定要保持面部微笑。

②手臂可以持物,也可以自然下垂。在手臂垂放时,从肩部至中指应当呈现出一条自然的垂线。

③小腹不宜凸出,臀部同时应当紧缩。它的最关键的地方在于:双脚一前一后站成"丁字步",即一只脚的后跟紧靠在另一只脚的内侧;双膝在靠拢的同时,两腿的膝部前后略为重叠。

(2)列车上的站姿。

列车上的工作人员为旅客服务时,往往有必要采用一种特殊的站姿。它的基本要求是:既要安稳、安全,又要兼顾礼貌与美感。当列车正在运行时,达到这一要求是有一定难度的。

①双脚之间可以适当地张开一定距离,重心放在脚后跟与脚趾中间。不到万不得已,叉开的双脚不宜宽于肩部。

②双腿应尽量伸直,膝部不宜弯曲,而是应当有意识地稍向后挺。

③身子要挺直,臀部略微用力,小腹内收,不要驼背弯腰。

④双手可以轻轻地相握腹前,或者以一只手扶着扶手、拉着吊环,但不要摆来摆去。

⑤头部以直为佳,最好目视前方。

客运人员采用此种站姿在列车上站立时,应尽可能地与旅客保持一定距离,以免误踩、误撞到对方。

(3)站立注意事项。

①站立时,切忌东倒西歪,无精打采,懒散地倚靠在墙上、桌子上。

②不要低着头、歪着脖子、含胸、端肩、驼背。

③不要将身体的重心明显地移到一侧,只用一条腿支撑着身体。

④身体不要下意识地做小动作。

⑤在正式场合,不要将手叉在裤袋里面,切忌双手交叉抱在胸前,或是双手叉腰。

⑥男子双脚左右开立时,注意两脚之间的距离不可过大,不要挺腹翘臀。

⑦不要两腿交叉站立。

(4)站姿训练方法。

①背靠墙。

②两人背靠背。

③头顶书本。

④对镜训练。

(二)走姿

走姿,又称步态,它是一种动态美。走姿是人体所呈现出的一种动态,是站姿的延续。走姿是展现人的动态美的重要形式。走路是"有目共睹"的肢体语言。

1. 正确的走姿(图3-2)

(1)头正。
(2)肩平。
(3)躯挺。
(4)步位直。
(5)步幅适度。
(6)步速平稳。

2. 变向时的行走规范

(1)后退步。

向他人告辞时,应先向后退两三步,再转身离去。退步时,脚要轻擦地面,不可高抬小腿,后退的步幅要小。转体时要先转身体,头稍候再转。

(2)侧身步。

当走在前面引导旅客时,应尽量走在宾客的左前方。髋部朝向前行的方向,上身稍向右转体,左肩稍前,右肩稍后,侧身向着来宾,与来宾保持两三步的距离。当走在较窄的路面或楼道中与人相遇时,也要采用侧身步,两肩一前一后,并将胸部转向他人,不可将后背转向他人。

图3-2 正确的走姿

3. 不雅的走姿

(1)方向不定,忽左忽右。
(2)体位失当,摇头、晃肩、扭臀。
(3)扭来扭去的"外八字"步和"内八字"步。
(4)左顾右盼,重心后坐或前移。
(5)与多人走路时,或勾肩搭背,或奔跑蹦跳,或大声喊叫等。
(6)双手反背于背后。
(7)双手插入裤袋。

4. 走姿训练方法

(1)摆臂训练。
(2)步位步幅训练。
(3)稳定性训练。
(4)协调性训练。

(三)蹲姿

在日常生活中,人们对掉在地上的东西,一般是习惯弯腰或蹲下将其捡起,而作为铁路客运服务人员对掉在地上的东西,从服务礼仪的角度,也像普通人一样采用一般随意弯腰蹲下捡起的姿势是不合适的。因此,蹲的姿势其实只是人们在比较特殊的情况下所采取的一种暂时性的体位。

1. 蹲姿的基本要求

(1) 下蹲拾物时,应自然、得体、大方,不遮遮掩掩。

(2) 下蹲时,两腿合力支撑身体,避免滑倒。

(3) 下蹲时,应使头、胸、膝关节在一个角度上,使蹲姿优美。

(4) 女士无论采用哪种蹲姿,都要将腿靠紧,臀部向下。

2. 四种蹲姿方式

(1) 高低式蹲姿(图3-3)。

男性在选用这一方式时往往更为方便,女士也可选用这种蹲姿。这种蹲姿的要求是:下蹲时,双腿不并排在一起,而是左脚在前,右脚稍后。左脚应完全着地,小腿基本上垂直于地面;右脚则应脚掌着地,脚跟提起。此刻右膝低于左膝,右膝内侧可靠于左小腿的内侧,形成左膝高右膝低的姿态。臀部向下,基本上用右腿支撑身体。

(2) 交叉式蹲姿(图3-4)。

交叉式蹲姿通常适用于女性,尤其是穿短裙的人员,它的特点是造型优美典雅。基本特征是蹲下后以腿交叉在一起。

这种蹲姿的要求是:下蹲时,右脚在前,左脚在后,右小腿垂直于地面,全脚着地右腿在上,左腿在下,二者交叉重叠;左膝由后下方伸向右侧,左脚跟抬起,并且脚掌着地;两脚前后靠近,合力支撑身体;上身略向前倾,臀部朝下。

图3-3　高低式蹲姿　　　　　　图3-4　交叉式蹲姿

(3) 半蹲式蹲姿(图3-5)。

一般是在行走时临时采用。它的正式程度不及前两种蹲姿,但在需要应急时也采用。基本特征是身体半立半蹲。主要要求在下蹲时,上身稍许弯下,但不要和下肢构成直角或锐角;臀部务必向下,而不是撅起;双膝略为弯曲,角度一般为钝角;身体的重心应放在一条腿上;两腿之间不要分开过大。

(4) 半跪式蹲姿(图3-6)。

又叫作单跪式蹲姿。它也是一种非正式蹲姿,多用在下蹲时间较长,或为了用力方便时。双腿一蹲一跪。主要要求在下蹲后,改为一腿单膝点地,臀部坐在脚跟上,以脚尖着地。

另外一条腿,应当全脚着地,小腿垂直于地面。双膝应同时向外,双腿应尽力靠拢。

图 3-5　半蹲式蹲姿

图 3-6　半跪式蹲姿

3. 蹲姿注意事项

(1) 不要突然下蹲。蹲下来的时候,不要速度过快。当自己在行进中需要下蹲时,要特别注意这一点。

(2) 不要离人太近。在下蹲时,应和身边的人保持一定距离。和他人同时下蹲时,更不能忽略双方的距离,以防彼此"迎头相撞"或发生其他误会。

(3) 不要方位失当。在他人身边下蹲时,最好是和他人侧身相向。正面他人,或者背对他人下蹲,通常都是不礼貌的。

(4) 不要毫无遮掩。在大庭广众面前,尤其是身着裙装的女士,一定要避免下身毫无遮掩的情况,特别是要防止大腿叉开。

(5) 不要蹲在凳子或椅子上。有些人有蹲在凳子或椅子上的生活习惯,但是在公共场合这么做的话,是不能被接受的。

总之,下蹲时一定不要有弯腰、臀部向后撅起的动作;切忌两腿叉开,两腿展开平衡下蹲,以及下蹲时,露出内衣裤等不雅的动作,以免影响你的姿态美。因此,当要捡起落在地上的东西或拿取低处物品的时候,不可有只弯上身、翘臀部的动作,而是首先走到要捡或拿的东西旁边,再使用正确的蹲姿,将东西拿起。

(四) 坐姿

坐姿文雅、端庄,不仅给人以沉着、稳重、冷静的感觉,而且也是展现自己气质与修养的重要形式。

1. 标准的坐姿

(1) 入座时要轻稳。

(2) 入座后上体自然挺直,挺胸,双膝自然并拢,双腿自然弯曲,双肩平整放松,双臂自然弯曲,双手自然放在双腿上或椅子、沙发扶手上,掌心向下。

(3) 头正、嘴角微闭,下颌微收,双目平视,面容平和自然。

(4) 坐在椅子上,应坐满椅子的 2/3,脊背轻靠椅背。

(5)离座时,要自然稳当。

2. 双手的摆法

坐时,双手可采取下列手位之一:

(1)双手平放在双膝上。

(2)双手叠放,放在一条腿的中前部。

(3)一手放在扶手上,另一手仍放在腿上或双手叠放在侧身一侧的扶手上,掌心向下。

3. 双腿的摆法(图3-7)

(1)标准式。

(2)侧腿式。

(3)重叠式。

(4)前交叉式。

a)标准式　　　　b)侧腿式　　　　c)重叠式　　　　d)前交叉式

图3-7　双腿的摆法

4. 几种基本坐姿

(1)女士坐姿

①标准式(正襟危坐式)(图3-8)。

②双腿斜放式(图3-9)。

③前伸后曲式(图3-10)。

图3-8　标准式　　　　图3-9　双腿斜放式　　　　图3-10　前伸后曲式

④双腿叠放式(图 3-11)。
⑤双脚交叉式(男女适用)(图 3-12)。
⑥双脚内收式(男女适用)(图 3-13)。

图 3-11 双腿叠放式

图 3-12 双脚交叉式

图 3-13 双脚内收式

(2)男子坐姿
①标准式(正襟危坐式)(图 3-14)。
②垂腿开膝式(图 3-15)。

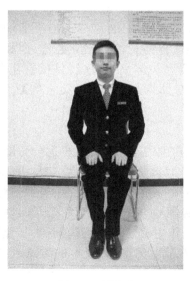
图 3-14 标准式

图 3-15 垂腿开膝式

5.坐的注意事项
(1)坐时不可前倾后仰,或歪歪扭扭。
(2)双腿不可过于叉开,或长长地伸出。
(3)坐下后不可随意挪动椅子。

(4) 不可将大腿并拢,小腿分开,或双手放于臀部下面。
(5) 不可高架"二郎腿"或"4"字形腿。
(6) 不可腿、脚不停抖动。
(7) 不要猛坐猛起。
(8) 与人谈话时不要用手支着下巴。
(9) 坐沙发时不应太靠里面,不能呈后仰状态。
(10) 双手不要放在两腿中间。
(11) 脚尖不要指向他人。
(12) 不要脚跟落地、脚尖离地。
(13) 不要双手撑椅。
(14) 不要把脚架在椅子或沙发扶手上,或架在茶几上。

6. 坐姿训练
(1) 两人一组,面对面练习,并指出对方的不足。
(2) 坐在镜子前面,按照坐姿的要求进行自我纠正,重点检查手位、腿位、脚位。
(3) 每次训练时间为 20 分钟左右,可配音乐进行。

(五) 鞠躬

鞠躬(图 3-16),即弯身行礼,是表示对他人敬重的一种郑重礼节。此种礼节一般是下级对上级或同级之间、学生向老师、晚辈向长辈、服务人员向宾客表达由衷的敬意。

图 3-16 鞠躬

1. 鞠躬的姿势及分类

正确的鞠躬礼是这样的,自腰以上向下前倾,抬起慢于下弯。脱帽,脸带笑容,保持正确的站立姿势,两腿并拢,脖子不可伸得太长,上半身和头部呈一直线,目视受礼者。男士双手自然下垂,贴放于身体两侧裤线处,女士的双手下垂搭放在腹前。

鞠躬分类:
按照上身倾斜角度的不同可以将鞠躬分为以下三种类型:
一度鞠躬:上身倾斜角度约为 15 度,表示致意。
二度鞠躬:上身倾斜角度约为 45 度,表示向对方敬礼。
三度鞠躬:上身倾斜角度约为 90 度,表示向对方深度敬礼。

三种行礼方式适用于不同的情况,在日常工作中常使用一度鞠躬;参加重要活动、接待重要来宾时可以选择使用二度鞠躬;三度鞠躬表示对父母、尊者等的敬意或在重大礼仪中使用。

2. 注意事项

客运人员在鞠躬时应注意做到:
(1) 鞠躬应面带微笑,双脚并拢,脚尖略分开,双手四指并拢,交叉相握,右手叠放在左手之上,自然垂下腹前,身体向前,腰部下弯,头、颈、背自然成一条直线,上身起时,要比向下弯时稍慢;视线随着身体的移动而移动,视线的顺序是:旅客的眼睛-脚-眼睛。

(2)迎送客时和行还礼时,身体鞠躬为30°。

(3)给旅客道歉时,身体鞠躬为45°。

(六)表情

表情是人体语言中最为丰富的部分,是内心情绪的反映。人们通过喜、怒、哀、乐等表情来表达内心的感情。在人际沟通方面,表情起着重要的作用。优雅的表情,可以给人留下深刻的第一印象。构成表情的主要因素:一是目光;二是笑容。

1. 微笑

在服务行业中,微笑可以感染客户。客户花钱消费的时候,可不想看到你愁眉苦脸的样子。当客户怒气冲天地来投诉,你这样只会火上加油。相反,如果你真诚地对客户微笑,你就可能感染他,使他调整态度,或者使他感到愉悦。微笑传递这样的信息:"见到你我很高兴,我愿意为你服务。"所以,微笑可以激发你的服务热情,使你为客户提供周到的服务。当你微笑着的时候,你就处于一种轻松愉悦的状态,有助于思维活跃,从而创造性地解决客户的问题。相反,如果你的神经紧紧绷着,只会越来越紧张,创造力就会被扼杀。

正如一位哲人所说:"微笑,它不花费什么,但却创造了许多成果。它丰富了那些接受的人,而又不使给予的人变得贫瘠。他在一刹那间产生,却给人留下永恒的记忆"。美国一家百货商店的人事经理曾经说过,她宁愿雇佣一个没上完小学但却有愉快笑容的女孩子,也不愿雇佣一个神情忧郁的哲学博士。

(1)笑的种类。

在日常生活里,笑的种类很多。在此重点讨论的是合乎礼仪的笑容的种类。这一类笑容,基本上可以分作5种,它们分别是:

①含笑,是一种程度最浅的笑。它不出声,不露齿,仅是面含笑意,意在表示接受对方,待人友善。其适用范围较为广泛。

②微笑,是一种程度较含笑为深的笑。它的特点,是面部已有明显变化:唇部向上移动,略呈弧形,但牙齿不会外露。它是一种典型的自得其乐、充实满足、知心会意,表示友好的笑。在人际交往中,其适用范围最广。

③轻笑,在笑的程度上较微笑为深。它的主要特点是:面容进一步有所变化,嘴巴微微张开一些,上齿显露在外,约有六至八颗之多,不过仍然不发出声响。它表示欣喜、愉快,多用于会见亲友、向熟人打招呼,或是遇上喜庆之事的时候。

④浅笑,是轻笑的一种特殊情况。与轻笑稍有不同的是,浅笑表现为笑时抿嘴,下唇大多被含于牙齿之中。它多见于年轻女性表示害羞之时,通常俗称为抿嘴而笑。

⑤大笑,其特点是:面容变化十分明显;嘴巴大张,呈现为弧形;上齿下齿都暴露在外,并且张开;口中发出"哈哈哈"的笑声,但肢体动作不多。

(2)微笑的基本要求。

①笑眼传神,要口眼结合。

②笑与神、情、气质相结合。

③笑与语言相结合。

④笑与仪表、举止相结合。

(3)笑的禁忌。

①假笑,即笑得虚假,皮笑肉不笑。它有悖于笑的真实性原则,是毫无价值可言的。

②冷笑,是含有怒意、讽刺、不满、无可奈何、不屑于、不以为然等意味的笑。这种笑,非常容易使人产生敌意。

③怪笑,即笑得怪里怪气,令人心里发麻。它多含有恐吓、嘲讽之意,令人十分反感。

④媚笑,即有意讨好别人的笑。它亦非发自内心,而来自一定的功利性目的。

⑤怯笑,即害羞或怯场的笑。例如,笑的时候,以手掌遮掩口部,不敢与他人交流视线,甚至还会面红耳赤,语无伦次。

⑥窃笑,即偷偷地笑。多表示洋洋自得、幸灾乐祸或看他人的笑话。

⑦狞笑,即笑时面容凶恶。多表示愤怒、惊恐、吓唬他人。此种笑容毫无丝毫的美感可言。

(4)微笑的训练。

虽然微笑是发自内心的,但后天的训练非常重要。有人说我没有不高兴啊,可就是笑不出来。对于一些性格内向、羞涩的少男少女而言,要在脸上经常挂着微笑确实需要一个训练过程。

一般适用的微笑训练方法如下:

①情绪记忆法。多回忆美好的往事,纵然遇到不如意、悲伤、辛酸的事情,也要提醒自己"保持笑容"。

②诱导练习法。面对镜子,听他人讲笑话,同时矫正笑姿,镜中的自己要保持正确的站姿或坐姿,微笑是轻快自然的,切忌矫揉造作,皮笑肉不笑。

③镜子练习法。面对镜子,深呼吸,然后慢慢地吐气,并将嘴角两侧对称经耳根部提拉,发出"一"或"七"的声音。

④独处练习法。一个人独处,深呼吸、唱歌或听愉快的歌曲。

以上是外部训练,最根本的方法还是培养豁达乐观的性格,积累丰富的学识,以增强自身修养的方法来提高自己的形象气质。

2. 眼神

眼睛是人类的心灵之窗。眼神,是对眼睛的总体活动的一种统称。对自己而言,它能够最明显、最自然、最准确地展示自身的心理活动。对他人而言,与其交往所得信息的87%来自视觉,而来自听觉的信息则仅为10%左右。

因此,在接待活动中,接待人员要有友善的眼神,在注视的方式、时间、部位、角度等方面注意规范礼仪。

①注视方式。注视他人,在社交场合可以有多种方式的选择。其中,最常见的有:

a. 直视,即直接地注视交往对象,它表示认真、尊重,适用于各种情况。若直视他人双眼,即称为对视。对视表明自己大方、坦诚,或是关注对方。

b. 凝视是直视的一种特殊情况,即全神贯注地进行注视。它多用于表示专注、恭敬。

c. 盯视,即目不转睛,长时间地凝视某人的某一部位。它表示出神或挑衅,故不宜多用。

d. 扫视,即视线移来移去,注视时上下左右反复打量。它表示好奇、吃惊。亦不可多用,对异性尤其应禁用。

e. 环视,即有节奏地注视不同的人员或事物。它表示认真、重视。适用于同时与多人打交道,表示自己"一视同仁"。

②注视部位。注视的部位指的是在人际交往中目光所及之处。注视他人的部位不同,不仅说明自己的态度不同,也说明双方关系有所不同。一般情况下,与他人相处时,不宜注视其头顶、大腿、脚部与手部,或是"目中无人"。对异性而言,通常不应注视其肩部以下,尤其是不应注视其胸部、裆部、腿部。允许注视的常规部位有:

a. 双眼。注视对方双眼,表示自己聚精会神,一心一意,重视对方,但时间不宜过久。它也叫关注型注视。

b. 额头。注视对方额头,表示严肃、认真、公事公办。它叫公务型注视,适用于极为正规的公务活动。

c. 眼部至唇部。注视这一区域,是社交场合面对交往对象时所用的常规方法,因此也叫社交型注视。

d. 眼部至胸部。注视这一区域,表示亲近、友善,多用于关系密切的男女之间,故称近亲密型注视。

e. 眼部至裆部。它适用于注视相距较远的熟人,亦表示亲近、友善,故称远亲密型注视,但不适用于关系普通的异性。

f. 任意部位。对他人身上的某一部位随意一瞥,可表示注意,也可表示敌意。通常也叫瞥视。多用于公共场合注视陌生之人,但最好慎用。

③注视角度。在注视他人时,注视的角度是与交往对象亲疏远近的一大表现。注视他人的常规角度有:

a. 平视。即视线呈水平状态,也叫正视。一般适用于在普通场合与身份、地位平等之人进行交往。

b. 侧视。它是一种平视的特殊情况,即位居交往对象一侧,面向对方,平视着对方。它的关键在于面向对方,否则即为斜视对方,那是很失礼的。

c. 仰视。即主动居于低处,抬眼向上注视他人。它表示尊重、敬畏之意,适用于面对尊长之时。

d. 俯视。即抬眼向下注视他人,一般用于身居高处之时。它可对晚辈表示宽容、怜爱,也可对他人表示轻慢、歧视。

④注视的时间。

a. 表示友好——不时注视对方,占全部相处时间的三分之一左右。

b. 表示重视——常常把目光投向对方,占相处时间的三分之二左右。

c. 表示轻视——目光游离,注视时间不到相处时间的三分之一。

d. 表示敌意或感兴趣——目光始终注视对方,注视对方的时间超过相处时间的三分之二。

(七) 手势

手势语是肢体语言的重要部分,形式多样的手势不仅是人们交流沟通中必须借助的形式,同时也包含着丰富的礼仪。在与人交往中恰当地运用手势来表情达意,能够起到良好的沟通作用,也会使自己更显优雅和有风度。

1.常用手势

(1)站时。

①双手指尖朝下,掌心向内,在手臂伸直后分别紧贴于两腿裤线之处。

②双手伸直后自然相交于小腹处,掌心向内,一只手在上一只手在下地叠放或相握在一起。

③双手伸直后自然相交于背后,掌心向外,两只手相握在一起。

(2)坐时。

①身体趋近桌子,尽量挺直上身,将双手放在桌子上时,可以分开、叠放或相握。

②不要将胳膊支起来,或是将一只手放在桌子上,一只手放在桌子下。

(3)递接物品。

①双手为宜,不方便双手并用时,也要采用右手,用左手通常视为无礼。

②将有文字的物品递交他人时,须使之正面面对对方递上。

③将带尖、带刃或其他易于伤人的物品递于他人时,切勿以尖、刃直指对方。

(4)展示物品。

①将物品举至高于双眼之处,这适于被人围观时采用。

②将物品举至上不过眼部,下不过胸部的区域,这适用于让他人看清展示之物。

(5)指示方位。

①斜臂式:手臂由上向下斜伸摆动,适用于请人入座时(图3-17)。

②曲臂式:手臂弯曲,由体侧向体前摆动,手臂高度在胸以下,适用于请人进门时(图3-18)。

图3-17 斜臂式　　　　　图3-18 曲臂式

③横摆式:即手臂向外侧横向摆动,指尖指向被引导或指示的方向,适用于指示方向时(图3-19)。

④直臂式:手臂向外侧横向摆动,指尖指向前方,手臂抬至肩高,适用于指示物品所在(图3-20)。

⑤双臂横摆:双手从身体前,向两侧抬起,再以肘关节为轴,与胸同高,上身略微前倾,适用于对面人多时,做"诸位请"的手势(图3-21)。

图3-19　横摆式　　　　　　　　　　　　　　图3-20　直臂式

(6)握手。

①注意先后顺序,尊者在先,即地位高者先伸手,地位低者后伸手。

②注意用力大小,握手时,握紧对方的手,力量应当适中。

③注意时间长短,与人握手时,一般三至五秒即可。

④注意相握方式,应先走近对方,右手伸出,掌心向里,握住对方的手掌大部分,双手相握后,应目视对方双眼,将手上下晃动两三下。

⑤握手时应伸出右手,不能伸出左手与人相握(图3-22)。

图3-21　双臂横摆　　　　　　　　　　　　　图3-22　右手与人握手姿势

2.手势的禁忌

(1)在客运服务工作中,手势不宜过多,动作不宜过大,切忌"指手画脚"和"手舞足蹈",要给人一种优雅、含蓄而彬彬有礼的感觉。

（2）在任何情况下都不要用大拇指指自己的鼻尖或用手指指点他人。

（3）一般认为，掌心向上的手势有诚恳、尊重他人的含义，掌心向下的手势意味着不够坦率、缺乏诚意等。因此，在介绍某人、为某人引路指示方向、请人做事时，应该掌心向上以肘关节为轴，上身稍向前倾，以示尊敬。

（4）有些手势在使用时应注意区域和各国不同习惯，不可以乱用。因为各地习俗迥异，相同的手势表达的意思，不仅有所不同，而且有的大相径庭。

（5）平时工作中应避免某些不雅的行为举止。如手插口袋、当众搔头发、掏耳朵、抠鼻孔、剔牙、咬指甲、擦眼屎、搓泥垢等。

 任务实施

1. 针对每个具体的内容，可以由同学们先进行自己操作或演示，然后由教师进行点评、总结。
2. 创编练习
（1）内容：形体姿态——站姿、坐姿、蹲姿、走姿、微笑、递送物品、指引方向、鼓掌。
（2）展现形式：以小组创编的形体姿态组合。
（3）设计要求：
a. 选择音乐。时间为5分钟左右。
b. 至少有4种队形变化和2种对比（高低、动静）的运用。
c. 分小组。8人左右为1组。
（4）分组展示各自创编的形体姿态组合，学生互评，教师点评。

任务测评

教师依据同学们的回答情况，进行分组点评，并给出测评成绩。

序　号	评价内容	完成情况	存在问题	改进措施
1	课前知识查阅情况			
2	面部修饰			
3	肢体修饰			
4	发部修饰			
5	化妆修饰			
6	着装			
7	站姿			
8	走姿			
9	蹲姿坐姿			
10	鞠躬			
11	微笑			
12	手势			
13	教师评价			

课后小结

根据老师的评价,各小组进行总结。

姓名		组号		教师	
自我小结:					

任务3　高速铁路客运服务语言礼仪

学习目标

1. 了解高速铁路客运服务语言的基本要求,知道高速铁路客运服务规范用语。
2. 深化高速铁路客运服务礼仪意识,具备高速铁路客运服务礼仪的基本职业素质。

问题与思考

我们乘坐火车时,有的时候会被客运服务人员一句温馨的提示而感动很久,但也有的服务人员因为不讲究说话的方式与旅客发生了冲突。对比一下可见,语言沟通是多么的重要。那么,关于客运服务语言的要求你知道多少呢?

工作任务

在工作中,客运人员与旅客之间有和谐,但也有可能偶发冲突,一句话说得好与坏,就成了服务工作中的一大关键。客运人员要想协调好与旅客的关系,就必须要先学习语言礼仪,掌握说话的艺术。本任务就是带领大家学习客运服务语言礼仪的要求和一般规范用语。

预备知识

语言是人们交流思想、联络情感的重要工具和手段。俗话说:"言为心声,语为人镜。"语言是人心灵的体现,是揭示人们心灵的窗户。客运人员每天的工作就是和旅客打交道,是在与旅客的交往中完成自己的工作任务。所以,对于客运人员来说,提高语言的运用能力显得尤为重要。

一、客运服务语言礼仪的要求

高速铁路客运服务人员为旅客服务时应使用普通话，讲究语言礼仪，做到口齿清楚，语言简练、自然大方，声音和缓，语调平稳，谈吐文雅。高速铁路客运服务人员在实际工作中，要遵循以下语言礼仪要求：

(1) 对旅客要做到勤为主，话当先，服务中要有"五声"（旅客进门或上车有问候声、遇到旅客有招呼声、得到协助有致谢声、麻烦旅客有致歉声、旅客下车有道别声）。杜绝使用"四语"（不尊重旅客的蔑视训斥语、缺乏耐心的烦躁语、自以为是的否定语和刁难旅客的斗气语）。

(2) 遇到旅客要面带微笑，主动向旅客问好、打招呼。对旅客称呼要得当，以尊称表示尊重，以简单亲切的问候及关心的话语表示热情。知道职务、职称的称呼职务、职称，如"××主任""××局长""××教授"；不知道职务、职称的可称呼"先生""女士""小姐"等。切忌用"喂"来招呼旅客。即使旅客离自己距离较远，也不能高声呼喊。

(3) 接待旅客时要用礼貌的语言向旅客表示问候和关心。应当"请"字当头，"谢"字不离口，表现出对旅客的尊重。

旅客到来时应热情问候："您好，欢迎您乘坐本次列车出行！"服务过程中可以询问："还有什么可以帮您？"旅客离去时可以说："再见，请走好！"一天中不同时刻可分别用"早上好""中午好""晚上好"来问候旅客。

(4) 与旅客对话时宜保持 1 米左右的距离，讲话时应态度和蔼，语言亲切、自然，表达得体准确，音量适中，以对方听得清楚为宜，答话要迅速、明确。

(5) 应用心倾听旅客所讲的话，眼睛要望着旅客脸部，在旅客把话说完前，不要随意打断旅客，也不要有任何心不在焉、不耐烦的表情。对于没听清楚的地方，要礼貌地请旅客重复一遍。

(6) 应妥善答复旅客的询问。旅客的投诉要耐心倾听并巧妙处理，千万不要和旅客争辩。对于旅客的无理要求，要能沉住气，耐心解释，婉言谢绝。当旅客表示感谢时，应微笑、谦逊地回答："不用谢，您太客气了！"在行走过程中遇有旅客问话时，应停下脚步，认真回答。

(7) 要注意选择礼貌用语，恰当地使用礼貌用语。

(8) 合理运用基本礼貌用语。

称呼语："先生""小姐""夫人""女士""同志""老大爷""老大娘""小朋友""那位先生""那位女士""那位同志"等。

欢迎语："欢迎光临""欢迎您乘坐本次列车""祝您旅途愉快"等。

问候语："您好""早上好""中午好""晚上好""晚安""见到您很高兴"等。

祝贺语："祝您节日快乐""祝您生日快乐""祝您生意兴隆"等。

告别语："再见""祝您一路顺风""欢迎您再次乘坐本次列车"等。

道歉语："对不起""请原谅""打扰您了""失礼了""让您久等了""请不要介意"等。

道谢语："谢谢""非常感谢！"等。

应答语："是的""好的""我明白了""这是我应该做的"等。

征询语:"请问您有什么事""需要我帮您做些什么吗""您还需要别的帮助吗""这会打扰您吗""您需要…""请您……好吗"等。

推辞语:"很遗憾""恐怕这样是不可以的,谢谢您的理解"等。

二、客运服务人员一般规范用语

1. 文明敬语

"请""您""谢谢""对不起""没关系""不客气""再见"等。

2. 旅客尊称

年长旅客,统称为"老师傅""老先生""老同志"等。

年轻旅客,统称为"女士""先生""旅客"等。

年少旅客,统称为"同学""学生"等。

年幼旅客,统称为"小朋友"等。

3. 查、验车票用语

需要查验车票时可以对旅客说:"您好,请出示您的车票。"

对持有效票证的旅客,查验后应说:"谢谢!请收好。"

4. 温馨提示用语

(1)开、关车门时说:"站在车门处的旅客,请您注意,(我)要开(关)车门了。"

(2)向旅客进行车内、外安全提示时说:"车辆拐弯,请您扶好、坐好。"或说:"车辆进站,请您注意安全。"

(3)向旅客进行防盗提示时说:"各位旅客,请您携带(保管)好随身物品,以免丢失。"

5. 妨碍、打扰旅客时的用语

妨碍、打扰旅客时说:"抱歉""对不起""请原谅""不好意思""请多包涵"等。

6. 引导用言

要使用明确而规范的引导用言,多用敬语,例如"您好!""请"等,以示尊重。

7. 常用礼貌用语

问候:"您好""大家好"。

迎送:"欢迎光临""再见""请走好"。

请托:"麻烦""打扰了""请稍候"。

致谢:"谢谢"。

征询:"您需要帮忙吗""这样可以吗"。

答复:"好的""很高兴为您服务""不要紧"。

赞赏:"这个办法不错""太好了"。

道歉:"对不起""请多包涵""失敬了"。

8. 禁忌话题

高速铁路客运服务人员在工作中要做到"七不问",即涉及年龄、婚姻、收入、经历、住址、信仰、健康的内容不问。

三、高速铁路车站客运服务人员规范用语

(1)当旅客询问时说:"您好,请讲。"
(2)检票时说:"请您出示车票。"
(3)检查危险品时说:"对不起,请您将包打开接受检查,谢谢。"
(4)整理队伍时说:"请您按顺序排好队。"
(5)需要旅客配合通行时说:"对不起,劳驾。"
(6)整理行李或打扫卫生时说:"对不起,请您让一下。"
(7)遇到旅客寻求帮助时说:"请问您需要什么帮助。"
(8)失礼时说:"对不起,请原谅。"
(9)纠正旅客违反规章制度时说:"请您配合我们的工作,谢谢!"
(10)受到旅客表扬时说:"请您多提宝贵意见。"
(11)受到旅客批评时说:"对不起!给您造成困扰了。"
(12)售票时说:"请问您买到哪里?"
(13)接到旅客咨询电话时说:"您好,请讲。"
(14)售票窗口拥挤时说:"请大家按顺序排好队,不要拥挤。"
(15)旅客买票排错队时说:"对不起,请到××窗口排队购票。"
(16)误售车票时说:"对不起,请稍等,马上更正。"
(17)旅客行李超重时说:"对不起。请您按规定补费。"
(18)旅客之间发生矛盾时说:"请不要争吵,有问题合理解决。"

四、动车组列车客运服务人员规范用语

1. 车门立岗

在车门立岗迎接旅客上车时说:"您好,欢迎乘车。"
遇雨、雪天气时说:"您好,欢迎乘车,请注意脚下。"
旅客携带行李较大时说:"您好,请将行李放入大件行李区。"
在车门立岗送别旅客时说:"再见,欢迎您再次乘坐本次列车。"

2. 途中作业

制止旅客吸烟时说:"您好,请不要在车内任何区域吸烟,感谢您的合作!"
整理行李架时说:"您好,我帮您调整一下行李。"
制止衣帽钩挂包(小茶桌放重物)时说:"您好!衣帽钩(小茶桌)承重有限,请您将物品放在行李架上。"
制止儿童在车厢内跑动时说:"请您照顾好您的孩子,不要让孩子在车厢内跑动,以免发生意外。"
为旅客更换清洁袋时说:"您好,为您更换一下清洁袋。"
收取杂物时说:"您好,这个您还需要吗?"
提示旅客正确使用电茶炉时说:"您好,如果您要泡面(茶),请等待绿灯亮起。"

为特等座、一等座旅客送食品时说:"您好,这是为您准备的食品,请拿好!"

3.列车广播用语

(1)始发前通告。

动车组列车始发前通告用语如下:"欢迎乘坐××铁路局动车组列车,这趟列车是由××开往××的××次列车,开车时间××点××分,列车现在还有5分钟就要开车了,请仔细核对所持车票的车次。公安部门郑重提醒您,动车组列车运行的全程禁止吸烟,因吸烟造成严重后果,将依法追究责任。"

(2)始发介绍。

动车组列车始发介绍用语如下:"女士们,先生们,感谢您选乘××铁路局动车组列车旅行,我们全体工作人员将以真诚的微笑、优质的服务伴您一路同行。本趟列车是由××开往××的××次列车,全程××千米,运行××小时××分,途中停靠××,××⋯⋯,到达终点站××站的时间是××点××分。请您按照车票上的座位号对号入座。较大物品请放在车厢两端的大件行李区。座椅背后的小桌板承重有限,请不要放置重物。列车××号车厢为餐车,××号车厢、××号车厢设有残疾人卫生间。动车组列车全程禁止吸烟,请勿随意触动车厢内的紧急安全设施。上下车时请注意站台与列车之间的间隙。如果您因时间仓促没有买票,请找列车长办理补票手续。衷心祝愿您旅行愉快、一路平安!"

(3)途中报站通告。

动车组列车途中报站通告用语如下:"列车前方停车站是××站,到站时间××点××分,停车××分。为了确保您的安全,请勿随意触动车厢内紧急安全设施,请不要在车厢连接处逗留和倚靠车门。"

(4)终到通告。

动车组列车终到通告用语如下:"女士们、先生们,列车就快要到达终点××站了,请您配合将小桌板、座椅靠背恢复原位,列车到站后请按顺序下车,请注意列车与站台之间的间隙。感谢您乘坐×铁路局动车组列车旅行,我们期待着与您再次相逢。"

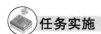

1.两个人或者三个人一组,在训练之前可仿照班前点名的办法,抽查准备工作和服务工作相关要点。

2.成员分别扮演客运工作人员和旅客,相互协作完成工作训练任务。

3.对掌握不全的内容进行巩固,也可以设置一份题目供学生进行练习。

教师依据同学们的回答情况,进行分组点评,并给出测评成绩。

序 号	评价内容	完成情况	存在问题	改进措施
1	课前知识查阅情况			
2	分小组演练情况			
3	教师评价			

课后小结

根据老师的评价,各小组进行总结。

姓名		组号		教师	
自我小结:					

任务4　高速铁路客运服务涉外礼仪

学习目标

1. 了解英国、法国、德国、美国、韩国、日本等国的基本礼仪规范,理解迎送礼仪、宴请礼仪等基本涉外礼仪,掌握涉外礼仪的基本原则、基本礼宾次序礼仪。

2. 树立高速铁路客运服务涉外礼仪意识,具备高速铁路客运涉外服务礼仪的基本职业素质。

问题与思考

高速铁路客运服务人员在日常工作时,会经常地遇到外国友人,那么,如何才能做好服务工作,给外国朋友留下难忘的印象,客运服务人员都需要掌握哪些技能呢?

工作任务

涉外礼仪是客运服务礼仪的重要组成部分,本任务将带领大家了解英国、法国、德国、美国、韩国、日本等国的基本礼仪规范,理解迎送礼仪等基本的涉外礼仪。

预备知识

一、涉外礼仪的基本要求

1. 个人形象

高速铁路客运服务人员的个人形象包括仪容仪表、言谈举止、个人气质等,个人形象给人第一印象,非常重要。

2. 不卑不亢

高速铁路客运服务人员要意识到自己代表的是国家、民族、所在单位,言行应从容得体,堂堂正正,不应表现得畏惧、卑微、低三下四,也不应表现得狂傲自大、目中无人。对个别外籍旅客的不友好言行,要具体分析,正确对待,不能感情用事。发生特殊情况交由列车长和乘警处理。

3. 求同存异

高速铁路客运服务人员要树立正确的涉外礼仪观念(各国礼仪习俗存在差异,重要的是互相理解,而不是评判是非、鉴定优劣)。

4. 尊重对方的习俗

高速铁路客运服务人员要真正做到尊重外籍旅客,首先必须尊重对方所独有的风俗习惯。

5. 信守约定

高速铁路客运服务人员须严格地遵守自己的所有承诺,说话务必算数,许诺一定兑现。

6. 热情适度

高速铁路客运服务人员不仅对待外籍旅客要热情友好,更为重要的是要把握热情友好的具体分寸,否则就会事与愿违,过犹不及,会使人厌烦或怀疑你别有用心。

7. 谦虚适当

高速铁路客运服务人员一方面不能一味地抬高自己,另一方面也绝对没有必要妄自菲薄、自我贬低、自轻自贱,过度对外籍旅客谦虚客套。

8. 尊重隐私

高速铁路客运服务人员在对外交往中不要涉及收入、年龄、婚姻、健康、家庭住址、个人经历、信仰、政见等隐私方面的话题。

9. 女士优先

在一切社交场合,尊重、照顾、体谅、关心、保护妇女是世界通行的礼仪规则。

10. 以右为尊

在并排站立、行走、就座、会见、会谈、宴会桌次、乘车、挂国旗等方面都应遵循以右为尊的国际惯例。

二、涉外礼仪的禁忌

人们在交流中并不是想说什么就说什么的,在日常交际中不是任何话题都可以涉及的。在人际交往中,有些话题是要回避的,由于人们不愿或不敢随便谈论一些话题或词汇,于是就出现了禁忌现象。在日常生活和工作中,违反言语禁忌,往往会显得唐突和无理,容易造成不好的后果。

(一) 言语禁忌

1. 称谓禁忌

与外籍旅客交往,对男性一般称"先生",对女性一般称"夫人""小姐",在称呼的前面,也可以冠以姓名、职称、衔称等。对地位高的官方人士,如部长以上的高级官员可称"阁下",对有地位的女性可以称夫人,对有官阶、官衔的女性,也可称"阁下"。诸如"外国佬""老外"等称谓是严禁使用的。

2. 词语禁忌

词语禁忌内容较多,例如,无论东方还是西方,都对"死"有忌讳,都不愿意提及"死"字。对于生理有缺陷的人,为避免伤害其自尊心,也要使用委婉的表达方式,要在平时多积累词语禁忌知识,才能做到有备无患。

(二)习俗禁忌

1. 隐私禁忌

在许多国家,个人隐私是人们最大的禁忌之一。个人隐私包括个人的年龄、财产、工资、婚姻、职业、政治倾向、宗教信仰等。除非本人乐意,否则询问别人的隐私会引起对方极大的不快。

2. 公共场合禁忌

许多国家在公共场合要严格遵守先来后到的顺序,严禁在公共场合打电话或与他人交谈时大声喧哗。

3. 饮食禁忌

饮食是一个人生活的重要组成部分,在长期的生活过程中,每一个国家或民族都形成了自己独特的饮食文化,而饮食禁忌便是饮食文化中的重要组成部分。饮食禁忌既涉及饮食的内容,即忌吃哪些食物,也涉及饮食方式,即进食时忌讳的行为或方式。西方人忌吃肥肉、粘骨和鸡鸭的皮(烤鸭、烤鸡的皮除外),忌食各种动物的头、脚、内脏做成的食品。另外,我们还知道进食时有各种规矩,西方人用刀叉吃饭,东方人用筷子,还有的民族用手抓饭吃,他们这样做的时候也有各种禁忌,比如西方人进食忌刀叉取食时叮当作响。西方人进食时,自己不喜欢的饭菜会少要,或不要,忌自己的菜盘剩下东西不吃;忌大吃大喝弄出声音,忌喝汤时弄出声,口中有食物时忌说话,忌饭后当众剔牙等。

4. 数字禁忌

对某些数字的禁忌是世界各民族共有的现象。例如对许多西方人来说,"13"是一个令人恐惧的数字,高速铁路客运服务人员在为其服务时,就应尽量不说这个数字。

三、涉外交际礼节

1. 鞠躬

在西方国家也有鞠躬的礼节,即用俯首、弯腰以示尊敬之意。比如,鞠躬迎客、鞠躬送客、鞠躬致意、鞠躬致谢,但是西方人没有东方人三鞠躬的"大礼"。在一般情况下西方人行鞠躬礼时,保持一种自然下倾,不超过15度的身体姿势。

2. 握手礼

握手礼是通用的交际礼节,使用范围很广。

握手时,双方都要站着握手,如果相距较远,则双方要走近后再握手。

西方人握手后马上松开,两人的距离也随即拉开。

3. 拥抱礼

拥抱是西方的礼节,在拥抱时,两个人相对而立,右臂偏上,左臂偏下,右手护着对方的左肩,左手扶着对方的右后腰,按各自的方位,两人头部及上身都先向左拥抱,再转右拥抱,最后又向左拥抱。

四、部分国家礼仪介绍

(一)英国礼仪

英国人在待人接物方面所表现出来的独特风格,往往会给人以深刻的印象。英国人给人的印象是:重视传统、保守理智、不苟言笑。一般认为,具有绅士风度美誉的英国交际礼仪,是西方社交礼仪的代表。

1. 社交礼仪

英国人不喜欢被人统称为"English"(英国人或英格兰人),将他们称为"British"(英国人或不列颠人)会使所有的英国人感到满意。在进行介绍时,一般先少后长,先低后高,先次后要,先客后主,即先介绍年少者、职位低者、次要人员和客人,然后再介绍年长者、职位高者、重要人员和主人。

英国人崇尚绅士风度,即衣着得体,举止优雅、严谨、果断。

英国人喜欢以握手表示友好。与人握手时,无论男女,无论天气多冷,都应先把手套摘掉,而且摘得越爽快越能体现对对方的尊重。

英国人遵守纪律,即便是几个人上车,他们也会自觉排队。在英国坐出租车,一般按10%左右付小费,将小费列入服务费账单的饭店不必另付小费。在主人家中做客数日,应视情况付给提供服务的佣人一些小费。

2. 服饰礼仪

英国人的穿衣模式受到世界许多国家的推崇,尽管英国人讲究衣着,但十分节俭,一套衣服一般要穿十年八年之久,一个英国男子一般有两套深色衣服,两三条灰裤子。20 世纪中叶以后,英国人的衣着已向多样化、舒适化发展,比较流行的有便装夹克、牛仔服。

3. 仪态礼仪

在英国,人们喜欢在演说或别的场合伸出右手的食指和中指,手心向外,构成"V"形手势,表示胜利;如有人打喷嚏,旁人就会说上帝保佑你,以示吉祥。

4. 餐饮礼仪

英国的宴请方式多种多样,主要有茶会和宴会,茶会包括正式和非正式茶会。英国人在席间不布菜也不劝酒,全凭客人的兴趣取用。一般要将取用的菜吃光才礼貌,不喝酒的人在侍者斟酒时,将手往杯口一放就行。客人之间告别可相互握手,也可点头示意。

5. 商务礼仪

到英国从事商务活动要避开七八月,这段时间工商界人士多休假。另外在圣诞节、复活节也不宜开展商务活动。在英国送礼不应送重礼,以避贿赂之嫌。在商务会晤时,按事先约好的时间光临,不得早到或迟到。英国工商界人士办事认真,不轻易动感情和表态,他们视夸夸其谈、自吹自擂为缺乏教养的表现。

6. 主要禁忌

英国人认为"13"和"星期五"是不吉利的,尤其是13 日与"星期五"相遇更忌讳,这个时候,许多人宁愿待在家里不出门。在英国,忌讳谈论男人的工资、女人的年龄、政治倾向等。

他们忌讳四人交叉式握手,还忌讳点烟连点三人。

(二)法国礼仪

1. 社交礼仪

法国是个浪漫的国度,法国人在社交礼仪上非常讲究,主要有以下特点:

(1)爱好社交,善于交际。对于法国人来说社交是人生的重要内容,没有社交活动的生活是难以想象的。

(2)诙谐幽默,生性浪漫。法国人在人际交往中大都爽朗热情,善于雄辩,高谈阔论,好开玩笑,讨厌不爱讲话的人,对愁眉苦脸者难以接受。受传统文化的影响,法国人不仅爱冒险,而且喜欢浪漫的经历。

(3)渴求自由,纪律较差。法国人是最著名的"自由主义者"。一般纪律较差,不大喜欢集体行动。与法国人打交道,约会必须事先约定,并且准时赴约,但是也要对他们可能的姗姗来迟事先有所准备。

(4)自尊心强,偏爱"国货"。法国的时装、美食和艺术有口皆碑,在此影响之下,法国人拥有极强的民族自尊心和民族自豪感,在他们看来,世间的一切都是法国最棒,与法国人交谈时,如能讲几句法语,一定会使对方热情有加。骑士风度,尊重妇女、法国人崇尚骑士风度,就像英国人崇尚绅士风度一样,即勇敢、智慧、尊重妇女。在人际交往中法国人所采取的礼节主要有探手礼、拥抱礼和吻面礼。

2. 服饰礼仪

法国人对于衣饰的讲究,在世界上是最为有名的。所谓"巴黎式样",在世人耳中即与时尚、流行含义相同。

在正式场合,法国人通常要穿西装、套裙或连衣裙,颜色多为蓝色、灰色或黑色,质地考究。出席庆典仪式时,一般要穿礼服。男士所穿的多为配以蝴蝶结的燕尾服或是黑色西装套装,女士则穿礼服。对于穿着打扮,法国人认为重在搭配是否得法。在选择发型、手袋、帽子、鞋子、手表、眼镜时,都十分强调要使之与自己的着装相协调,相一致。

3. 餐饮礼仪

作为举世皆知的世界三大烹饪王国之一,法国人十分讲究饮食。在西餐之中,法国菜可以说是最讲究的。

法国人用餐时,两手允许放在餐桌上,但却不许将两肘支在桌子上。在放下刀叉时,他们习惯于将一半放在碟子上,一半放在餐桌上。

4. 主要禁忌

法国人大多喜爱蓝色、白色与红色,他们所忌讳的色彩主要是黄色与墨绿色。菊花、牡丹、玫瑰、杜鹃、水仙、金盏花和纸花,一般不宜随意送给法国人。与英国人和德国人一样,法国人所忌讳的数字是"13"与"星期五"。

在人际交往中,法国人对礼物十分看重,但又有其特别的讲究。法国人喜欢具有艺术品位和纪念意义的物品。男士不赠送香水、化妆品等礼物给关系一般的女士。在接受礼品时若不当着送礼者的面打开包装,则是一种无礼的表现。

(三)德国礼仪

德国人在待人接物方面所表现出来的独特风格往往会给人深刻的印象。德国人的特点是纪律严明,法制观念极强;讲究信誉,重视时间观念;极端自尊,非常尊重传统;待人热情,十分注重感情。

1. 社交礼仪

德国人在人际交往中对礼节非常重视,与德国人握手时,有必要特别注意下述两点:一是握手时务必要坦然地注视对方;二是握手的时间宜稍长一些,晃动的次数宜稍多一些,握手时所用的力量宜稍大一些。重视称呼是德国人在人际交往中的一个鲜明特点。对德国人称呼不当,通常会令对方不快。一般情况下,切勿直呼德国人的名字,称其全称,或仅称其姓,则大都可行。

与德国人交往时切勿疏忽对"您"与"你"这两种人称代词的使用。对于熟人、朋友、同龄者,方可以"你"相称。在德国,称"您"表示尊重,称"你"则表示地位平等、关系密切。

2. 服饰礼仪

德国人在穿着打扮上的总体风格是庄重、朴素、整洁。

一般情况下,德国人的衣着较为简朴。男士大多爱穿西装、夹克,并喜欢戴呢帽。妇女则大多爱穿翻领长衫以及色彩和图案淡雅的长裙。

德国人在正式场合必须要穿戴整齐,衣着一般多为深色。德国人对黑色、灰色比较喜欢。在商务交往中,讲究男士穿三件套西装,女士穿裙式服装。

3. 餐饮礼仪

德国人是十分讲究饮食的。在肉类方面,德国人最爱吃猪肉,其次才是牛肉。以猪肉制成的各种香肠,令德国人百吃不厌。德国人一般胃口较好,喜食油腻之物,所以德国的胖人极多,在饮料方面,德国人最欣赏的是啤酒。

4. 主要禁忌

在所有花卉之中,德国人对矢车菊最为推崇,并且选定其为国花。在德国,不宜随意以玫瑰或蔷薇送人,前者表示求爱,后者则专用于悼亡。

德国人对黑色、灰色比较喜欢。对于红色以及渗有红色或红、黑相间之色,则不感兴趣。

对于"13"与"星期五",德国人极度厌恶。他们认定,在路上碰到了烟囱清扫工,便预示着一天要交好运。他们对于4个人交叉握手,或在交际场合进行交叉谈话,比较反感。

在德国,星期天商店一律停业休息。在这一天逛街,自然难有收获。

向德国人赠送礼品时,不宜选择刀、剑、剪、餐刀和餐叉。以褐色、白色、黑色的包装纸和彩带包装、捆扎礼品,也是不礼貌的。

与德国人交谈时,不宜涉及纳粹、宗教与党派之争。在公共场合窃窃私语,德国人认为是十分无礼的。

(四) 美国礼仪

由于美国人受传统束缚很少,且是移民国家,文化的包容性较强。所以美国的礼仪极少富有自己的特色。

1. 社交礼仪

美国人见面时,不一定会握手,只要笑一笑,打个招呼就行了,即使是第一次见面也如此。因此在美国,人们见面时喜欢直呼其名,这是亲切友好的表示。纵使交谈之初可能互相用姓称呼,但过一会儿就改称名字。人们很少用正式的头衔称呼别人,正式的头衔只用于法官、高级政府官员、军官、医生、教授和高级宗教人士,美国人从来不用行政职务如局长、经理、校长等头衔来称呼别人。另外,在与人交谈时,美国人不谈及个人的私事,如年龄、婚姻、收入、信仰等。看到别人买的东西不问其价格,如果看到别人回来,也不问他去哪儿了或者从哪里来,否则就会遭人厌恶,美国人常用"鼻子伸到人家私生活里来了"这句话来表示对提问人的轻薄。

2. 服饰礼仪

美国人在穿着打扮上以体现个性为主,很难从穿着上看出他们是富有还是贫穷,以及他们的身份地位如何。在美国,穿得好的不一定有钱,穿得不好的不一定没钱。若简单地以衣帽取人,不仅会主次不分,使自己陷入窘境,而且会让美国人轻视。与欧洲人相比,美国人比较随意,不像欧洲人那么讲究,但在正式的社交场合,美国人的穿着有很严格的规定。例如,美国许多公司上班有专门设计定做的制服,在律师楼和银行上班的人士天天都是西装笔挺,而且每日均需要换,若两日相同,就容易被人误会是个夜晚没有回家更衣的人。如在美国举办各种宴会,往往在请柬上注明是否戴黑领结。如果注明了"黑领结",男士则一定要穿无尾礼服,系黑色领结,女士必须穿晚礼服。这时,男士的长条领带,女士的裤装都不行。如果没有注明"黑领结",则表示"正式穿着",那么西服就可以。

如果写的是"白领",表示要穿燕尾服,系白色领带。因此什么宴会穿什么样的衣服,是很有讲究的,注意场合与服装的搭配在美国尤为重要。

3. 送礼、约会、做客的礼仪

一般来说,美国人不随便送礼,礼物通常不很贵重,只是些书籍、文具、巧克力糖之类的物品,在探病时则以送鲜花与盆景为主。美国人在收到礼物时,一定要马上打开,当着送礼人的面欣赏或品尝礼物,并立即道谢。另外,美国人的礼物重视包装,很可能你收到一份里三层外三层精美包装的礼物,打开只是几颗巧克力糖,你也不要因此觉得失望,或者认为美国人小气,相对于礼物的价值,美国人更注重的是心意。美国人办事重效率,往往每天都有严格的计划,因此去美国家庭做客都要提前预约,否则会被认为是不速之客,吃闭门羹。一旦约定,就要准时到达,不能迟到,也不要太早到,因为客来之前,主妇都要布置客厅准备茶点。规模较大的正式场合,守时更为重要。做客时间一般不宜过长,但饭后不要立即告辞,应与主人攀谈一会儿。若夫妇同去做客,应由妻子先起立告辞。如果与主人不太熟,做客后应打电话或写短柬以表谢意,这样美国人会认为你很懂礼貌,从而留下一个好印象。

4. 餐桌上的礼节

用餐时,应等到全体客人面前都上了菜,且女主人示意后才开始用餐。在女主人拿起她的勺子或叉子以前,客人不得食用任何一道菜。用餐时,始终保持沉默在美国是不太礼貌的,但咀嚼食物时不要讲话,讲话时不应放下刀叉,但也不要拿着刀叉乱晃,取菜时,最好每样都取一点,这样会使女主人愉快。用餐完毕后,女主人应先离座,客人再一起随着离开,餐巾放在桌上,不要照原来的样子折起,除非主人请你留下吃下顿饭。

(五) 韩国礼仪

近年来随着中韩经贸往来日益密切,韩国人来华或长住在我国的很多。因此,了解韩国的礼仪对于我们的工作和社会交往具有一定的指导作用。

1. 社交礼仪

韩国人热情好客,每逢宾客来访,只是根据客人身份举行适当规格的欢迎仪式,接待外国首脑来访,要按国际惯例举行盛大迎送仪式,数十万人夹道欢迎或送别,场面隆重。无论在什么场合遇见外国朋友,韩国人总是彬彬有礼,热情问候,说话得体,主动让道,挥手再见。韩国人见面都是微微一鞠躬,互握双手或合手;分手时也鞠躬。男子不能主动与妇女握手。应邀到韩国朋友家中做客,主人家事先要进行充分准备,并将室内院外打扫得干干净净。韩国人时间观念很强,主人总是按约定的时间等候客人的到来,有的人家还要全家到户外迎候。客人到来时,主人多弯腰鞠躬表示欢迎,并热情地将客人迎进家中,有饮料、水果等招待。韩国人素来待客慷慨大方,主人总要挽留客人吃饭,许多人家还要挽留远道而来的客人在家中留宿几天,用丰盛的饭菜款待。穿袜子进韩国人家里要脱鞋,到韩国食堂进餐也要脱鞋,因此一定要注意穿干净的袜子,袜子不干净或有破洞是失礼行为,被人看作没有教养。入座时,宾主都要盘腿席地而坐,不能将腿伸直,更不能叉开。

2. 饮食礼仪

韩国人平时使用的是不锈钢平尖儿筷子。中国人、日本人都有端起饭碗吃饭的习惯,但是韩国人视这种行为为不规矩。而且也不能用嘴接触饭碗,圆底带盖的碗放在桌子上,没有供手握的把,再加上米饭传导给碗的热量,不碰它是合情合理的。至于碗盖,可以取下来随意放在桌上。不端碗,左手应藏在桌子下面,右手一定要先拿起勺子,从水泡菜中盛一口汤喝完,再用勺子吃一口米饭,然后再喝一口汤、再吃一口饭后,便可以随意地吃任何东西了。这是韩国人吃饭的顺序。勺子在韩国人的饮食生活中比筷子更重要,它负责盛汤、捞汤里的菜、装饭,不用时要架在饭碗或其他食器上。筷子只负责夹菜,不管汤碗中的菜怎么用勺子也捞不上来,也不能用筷子,这首先是食礼的问题,其次是汤水有可能顺着筷子流到桌子上。筷子在不夹菜时,传统的韩国式做法是放在右手方向的桌子上,两根筷子要找齐,三分之二在桌上,三分之一在桌外,这是为了便于拿起来再用。

韩国人家里如有贵客临门,主人感到十分荣幸,一般会以好酒好菜招待。客人应尽量多喝酒,多吃饭菜,吃得越多,主人越发感到有面子。传统观念是"右尊左卑",因而用左手执杯或取酒被认为是不礼貌的。

3. 主要禁忌

韩国人普遍忌"4"字。因韩语中"4"与"死"同字同音,传统上认为是不吉利的。因此,在韩国没有4号楼、4层楼、4号房,军队里没有第4师,宴会厅里没有4桌,敬酒不能敬4杯,点烟不能连点4人。此外,孕妇忌打破碗,担心胎儿因此而唇裂;婚姻忌生肖相克,婚期择双日,忌单日;节庆期间要说吉利话,男子不要问女子的年龄、婚姻状况;打喷嚏时要表示歉意;剔牙要用手或餐巾盖住嘴;交接东西要用右手,不能用左手,因传统观念上认为"右尊左卑",用左手交接东西是不礼貌的行为,给长辈或接长辈给的东西时要用双手等。

(六) 日本礼仪

日本是一个非常重视社交礼仪的国家,讲究礼节是日本人生活的习俗。

1. 社交礼仪

日本人初次见面对互换名片极为重视。初次相会不带名片,不仅失礼而且对方会认为你不好交往。互赠名片时,要先行鞠躬礼,并双手递接名片。接到对方名片后,要认真看阅,看清对方身份、职务、公司,用点头动作表示已看清楚对方的身份。日本人认为名片是一个人的代表,对待名片就像对待本人一样。如果接过名片后直接放入口袋,便被认为是失礼。到日本官方单位、公司或者是日本人家中拜访或做客,都必须预约。日本人在日常工作和生活中都很守时,迟到会被认为是失礼的行为。

日本的"鞠躬文化"是日本礼仪文化的要素之一。日本人为表示恭敬礼貌而"鞠躬"。不仅在初次见面时使用,而且在日常的见面和分手道别时也使用,感谢、道歉的场合也频繁使用。日本"鞠躬文化"中,男性与女性鞠躬的方法有所不同。日本人请求对方做某事时,不直接说"请你",而是委婉地说"我希望","这么做怎么样"等;谢绝邀请时,一般不明确说"不行",而是显出犹豫的样子,作为不好开口的信号。这些表现方式起因于日本人的民族性格,日本这个单一民族的国家里,国民的性格有其共通之处,所以他们认为不需要表达得过于明确,对方也会明白自己的意思。日本人无论是访亲问友或是出席宴会都要带礼物。到日本人家做客必须带上礼物,但不必是贵重礼物,一般带上有包装的食品就可以了。日本人对礼物讲究包装,接受礼物的人一般都要回赠礼物。

2. 服饰礼仪

日本人无论在正式场合还是非正式场合,都很注重自己的衣着。在正式场合,男子和大多数中青年妇女都着西服。男子穿西服通常都系领带,无论多热的天气,他们必定穿西装系领带出现在会见场合。和服是日本的传统服装,现在男子除一些特殊职业者外,在公共场所很少穿和服,但是在婚礼、庆典、传统花道、茶道以及其他隆重的社交场合,和服仍然是公认的礼服。

3. 餐桌上的礼节

日本人在用餐之前及之后都要高声表达感受,用餐前要说"Itadkimasu!",意思是欣赏这顿饭食;用餐后要说"Go-chiso-samadeshita!",意思是感谢款客者预备这顿极美味的饭食。日本人的一餐饭食包括一碗饭、一碗味噌汤、两道或三道菜肴,配菜越多,那顿饭便越体面,若有数道菜肴端上餐桌,会令客人颇难选择先品尝哪一道。用餐的正确次序是先喝小口热汤,后吃菜,但不要只集中吃光同一道菜肴,应按顺序循环吃每道菜肴,使各份比例均等,才可同一时间吃光所有菜肴。

4. 主要禁忌

日本人一般不吃肥肉和猪内脏,有的人不吃羊肉和鸭子。

日本人不喜欢紫色,认为这是悲伤的色调;最忌讳绿色,认为是不祥之色。忌讳"9""4"等数字;受西方影响,不少人不喜欢"13",更忌讳"星期五"是"13 日";还忌讳三人一起合影,认为中间的人被左右两人夹着,是不幸的预兆。

总之,每一个国家都有自己独特的礼仪。因此,我们在对外交往和服务工作中,要了解一些外国的礼仪习俗,特别要注意其礼仪中的禁忌,以免在工作中引起不必要的误解和矛盾。

任务实施

同学们根据自身经历和课前查阅资料,说说有关外国礼仪的故事,最后,由教师总结、归纳。

📖 **任务测评**

教师依据同学们的回答情况,进行分组点评,并给出测评成绩。

序　号	评价内容	完成情况	存在问题	改进措施
1	课前知识查阅情况			
2	涉外礼仪相关知识掌握情况			
3	教师评价			

📖 **课后小结**

根据老师的评价,各小组进行总结。

姓名		组号		教师	
自我小结:					

任务5　高速铁路客运服务礼仪规范

📖 **学习目标**

1. 理解高铁车站、高铁列车客运服务质量礼仪的具体内容和要求。
2. 树立高速铁路客运服务礼仪意识,具备从事高铁客运服务礼仪的相关职业素养。

📖 **问题与思考**

高铁客运服务直接面向广大旅客,客运人员的服务礼仪直接影响旅客服务质量评价,进而影响铁路的社会形象。高速铁路客运服务礼仪规范,概括起来就是高速铁路车站、列车从业人员在工作中必须遵守的行为规范,是体现行业工作特点、展示自身精神风貌的外在表现,也是向旅客表达尊重、体现以旅客为中心的具体体现。在高速铁路客运行业提倡"旅客至上"的新时期,高速铁路客运服务礼仪规范被引入了全新的理念,意义重大。你知道高速铁路客运服务礼仪规范都有哪些内容吗?

📖 **工作任务**

本任务就是带领大家理解高铁车站、高铁列车客运服务礼仪的具体内容和要求。

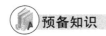预备知识

一、高速铁路车站服务礼仪规范

(一)售票服务礼仪规范

售票业务由多个岗位构成,如进款、票库、计划管理、窗口售票等。其中窗口售票员是直接与旅客接触的岗位,其在售票过程中的服务礼仪是否到位,直接影响着旅客对铁路售票工作的评价。

(1)窗口售票员上岗时应穿统一制服。穿着铁路制服要整洁、得体、规范;鞋袜、领带等要佩戴整齐;胸卡、肩章等服务标志要正确佩戴在指定位置。男性窗口售票员不留长发、胡须,女性窗口售票员发不过肩,不披头散发。

(2)窗口售票员应坐姿规范,售票时应用亲切、大小适中的声音向旅客问好,同时准确地为旅客售票。如遇售票高峰,应用简洁的语言配合熟练的电脑操作,快捷而准确地售票,以减少旅客排队等候的时间。

(3)售票时,应热情周到。对反复问话、耽搁较多时间的旅客,不要表现出厌恶情绪,不能对旅客说:"到底买不买?不买别碍事!"或者干脆说:"没有了!卖完了!不知道!",把旅客打发走,这会给旅客留下极坏的印象。严禁与旅客发生口角,这样做会对铁路企业形象带来严重损害。

(4)如果旅客没听清自己所讲的话,应加大一点音量并稍加解释。如果听不清楚旅客所讲的话,可以把纸笔递给他,让他把相关要求写在上面,以免误售车票。

(5)客流量较大、票额紧张、某车次车票已售完时,应替旅客着想,向旅客推荐其他车次,可对旅客说:"对不起,××车次已售完,但去往上海方向的还有××次车,时间都差不多,您可以考虑一下。"或者说:"对不起,去往上海方向的车票已全部售完,您可以选择在南京中转。"

(二)安检服务礼仪规范

实名制验证及"三品检查"工作对于维护车站及列车安全有着至关重要的作用,不得有丝毫怠慢。许多旅客在安检的过程中经常会有不耐烦、不理解的情绪,因此安检工作必须更加重视服务礼仪规范。

(1)安检引导员应采用规范的站姿立岗,使用文明用语,请旅客主动出示有效身份证件即车票,同时主动伸手帮旅客把大包、重包放到安全检测仪上或抬到桌上进行检查。

(2)根据客流情况引导旅客分流,以便旅客能够尽快接受安检。引导前一位旅客安检的同时,提醒下一位旅客做好准备,以加快安检工作速度。

(3)安检过程中,对旅客携带物品有疑问时,安检处置员不要当着其他旅客的面检查包内的违禁品,应把包拿到处置台进行开包检查。

(4)安检处置员查包时态度应和蔼,使用文明用语。查包时对旅客的包裹要轻拿轻放,以免损坏。查包时应尽量由旅客自行打开,女包女检。安检处置员查包时,应有公安人员在场监督。

(5)安检处置员若发现违禁品,应保持平和的心态,耐心、和蔼地向旅客详细指出哪些物品属于违禁品,及时将违禁品没收,严禁旅客将违禁品带进站、带上车。若未发现违禁品,应当立即对旅客的支持表示感谢。

(6)安检处置员查包完毕后,要将包内物品按照原来的摆放顺序复原并拉好拉链,再主动将包裹交给旅客。

(7)安检身检员使用手持式金属探测器对旅客进行全方位探查,对手持式金属探测器报警时所对应的部位要进行触摸检查,要严格执行"男不检女"的规定。

(8)如果因安检各岗位人员工作不慎而损坏了旅客的物品,要立即向旅客赔礼道歉,同时承担赔偿责任。

(9)安检完毕后,应向旅客表示感谢,说:"对不起,给您添麻烦了,祝您旅途愉快,再见。"

(三)问讯服务礼仪规范

问讯处是旅客求助的中心,应为旅客提供整洁明亮的问讯环境和设施先进的问讯设备。问讯处尽量采用"开放式"的设计,让旅客与服务人员面对面进行交流,有条件的车站还应安装触摸式电子查询设备,旅客自助查询。另外,问讯处还应提供丰富的问讯资料供旅客翻阅。自然流畅、文雅规范、不卑不亢的礼仪引导,会给我们的客运服务工作增添无限的魅力。

(1)问讯处客运员应统一穿着铁路制服,衬衣下摆不外露,制帽、职务标志佩戴规范(女性问讯处客运员还可佩戴白手套、头花);头发整齐,精神饱满,面带微笑,服务期间采用标准站姿。男性问讯处客运员不留胡须,不佩戴任何金银首饰和装饰品,女性问讯处客运员不化浓妆。

(2)面对旅客问询,应彬彬有礼,面带微笑。一句"您需要帮助吗?",有利于消除旅客的焦虑、紧张和不安,给旅客以安慰、信任。其他岗位的工作人员面对旅客询问,也应热情回复。

(3)回答旅客问询时,要正视旅客,认真倾听,不要随便打断对方的问话。如需插话,应当在旅客讲话暂停后进行。不要直接否定对方的讲话,更不要"抬杠",如果没有听清旅客的问话,应说:"对不起,请您再说一遍,好吗?"

(4)回答问询,要使用普通话,声音大小适中,态度温和、耐心,回答内容要准确。对所有旅客要一视同仁,不以貌取人。当旅客向你表示感谢时,应微笑并谦逊地回答:"不用谢,这是我应该做的。"

(5)遇到不知道或不确定的问题时不能信口开河,也不要敷衍应付。应严格执行"首问首诉"的规定,做到问讯工作的有始有终。

(6)如果有多位旅客同时问询,应有条不紊一一作答。

总之,在问讯服务中,应做到百问不厌、百问不倒,客运员应熟练掌握本岗位业务基础知识,多总结、多积累其他相关岗位的业务知识,对交通、旅游、购物、餐饮、住宿、医疗等相关延伸知识也应有所了解,这样才能想旅客之所想,急旅客之所急,做到"问不倒,问不恼"。

(四)候车大厅服务礼仪规范

高速铁路车站候车大厅是车站的门面和窗口,宽敞明亮、整洁干净的候车大厅会使旅客心情舒适、愉悦,良好规范的服务礼仪也会让旅客产生赞赏、信赖之情。候车大厅人多嘴杂,旅客身份较复杂,文化层次相差大,客流量大,要做好文明服务礼仪,体现现代铁路客运服务的新面貌,候车大厅服务是关键而艰难的一个场所。

(1)着统一服装,做到仪表整洁、仪容端庄,符合国家铁路局《铁道旅客运输服务质量标准》的要求。

(2)热情回答旅客的提问。在大厅遇到有人问询时,应停下脚步主动关切地问他:"先生,您有什么事需要我帮忙吗?"显示出你的诚恳和亲切。

(3)随时解决候车大厅中旅客遇到的困难,做到耐心细致。

(4)应始终服务在旅客的身边,不要等到旅客去找你。

(五)检票服务礼仪规范

(1)着统一服装,做到仪表整洁、仪容端庄。

(2)应及时掌握列车运行情况,积极配合车站广播室及时、准确、清楚地通告列车运行情况,态度温和、语速适中。注意用语文明,对旅客说:"您好,请出示您的车票。"

(3)检票时,应做到"一看,二唱,三加剪",动作干净利落。注意微笑面对旅客,语气平和,吐字清晰,态度和蔼。

(4)如遇个别旅客扰乱秩序,应态度和蔼并进行劝阻:"对不起,这位先生(女士),请您排队检票。"杜绝大声呼喊、训斥、推搡旅客。如出现屡劝不止的现象,可态度严肃、语气坚定地进行劝阻。如因车站工作失误给旅客造成麻烦,要主动向旅客道歉,并想方设法为旅客解决困难。

(5)检票后,要主动把车票递回到旅客手中。交还车票时说:"拿好您的车票,请慢走。"

(6)停检后,遇匆忙赶来的旅客应制止其强闯检票口,同时态度和蔼、语气亲切,耐心进行安慰,并提出解决建议:"先生(女士),您别着急,您改乘××次列车同样可以到达。您可以去售票处办理改签手续。"切忌态度冷漠、刻薄生硬,甚至冷嘲热讽。

(六)出站服务礼仪规范

高速铁路车站客运服务人员贴心、规范的服务,将会为旅客的旅行画上圆满的句号。出站服务主要由高速铁路车站站台客运员和出站口客运员承担。

(1)如遇旅客方位识别存疑,除通过广播宣传引导外,站台客运员应随时为旅客指明正确的出站方向,做到有问必答。

(2)应积极疏导出站人群,对一些携带行李较多或行走不便的旅客,应主动帮扶,以保证出站秩序井然。如帮旅客拿行李要得到旅客的允许,并走在旅客身边,以免产生误解。

(3)出站查验车票时,应着装整洁、精神饱满,向旅客微笑致意,同时主动伸手接票。

(4)旅客索要车票用于报销时,应及时将车票交还旅客。

(5)发现旅客没有车票时,可用手或身体礼貌地挡住他,声音平和、语气委婉地请他到补票处去补票,切忌大声呵斥。

(6)如遇儿童超高,一定要先量身高,再补票。测量儿童身高要先征得家长的同意。

(7)补票时,应和颜悦色,并向旅客陈述补票规定。注意态度和蔼、语气亲切。

(8)如遇不愿补票的旅客,应注意避免争吵,可请旅客到值班室,耐心和蔼地向他解释相关规定,等到他心平气和时再补票(补费)。不能拿旅客的物品做抵押或接受旅客的赠品,必要时可请公安人员出面处理问题,尽量避免产生摩擦,激化矛盾。

(七)贵宾室服务礼仪规范

(1)贵宾服务应热情周到、有礼有度。

(2)引导贵宾时,一般走在贵宾左前方,与贵宾保持1米左右的距离,同时确保贵宾走中间。拐弯时,要放慢步伐或停下来,并配以手势说"请这边走"。走到阶梯处或有门槛的地方要提醒贵宾注意,说"请注意脚下"或"请当心"。

(3)针对贵宾的服务语言要突出"礼"字,具体要求如下。

①待客三声:来有迎声(主动问候);问有答声(有问必答,按时回答,如实回答);去有送声。

②待客"四个不讲":不尊重对方的语言不能讲;不友好的语言不能讲;不客气的语言不能讲;不耐烦的语言不能讲。

(4)和贵宾相遇时应立即起身、面带微笑、主动问候。

二、动车组客运服务礼仪规范

(一)普通旅客服务礼仪规范

1. 始发迎客

(1)在座位的网兜内,整齐地放置各类期刊和清洁袋。

(2)检查洗手液是否注满、喷头是否通畅,将车厢内电源插座外盖扣好。

(3)如果车厢内的空气不够清新,在旅客上车前,乘务人员可在座椅侧面、窗帘上喷洒少量香水,车厢内喷洒少量空气清新剂。洗手间内除喷洒空气清新剂外,还可将固体香水取下直接对准通风口,以起到祛除异味的作用。

(4)乘务人员的行李物品不能占用旅客行李架。

(5)乘务人员在车厢中相遇可背对背侧身,让对方通过,与旅客相遇时则应礼让旅客,让旅客先行通过。

(6)列车上要备有《全国地图册》《列车时刻表》及日常小用品、常用药品。

(7)确保每个特等座位、一等座位的网兜内配备的杂志种类齐全。

(8)迎客前须再次整理仪容仪表;旅客上车时,主动问候旅客;老人等重点旅客上车时,主动上前扶,协助提拿行李;儿童上车时等腰问候,可抚摸儿童肩部表达对儿童的关爱。

(9)委婉提醒旅客找到座位后将过道让开,以便后面的旅客通过,但不得吆喝、推搡旅客,随时注意自身在疏通过道或协助旅客安放行李时是否堵住了过道。

(10)提醒旅客将大件物品存放在大件行李架上,小件物品按安全要求规范地放在座位上方的行李架上,要亲切、友好地提醒旅客不要将所携带的物品放在过道上,以免给其他旅客带来不便。

(11)协助老、弱、病、残及行李过多、过重的旅客安放行李。

(12)卧铺车厢乘务人员须主动上前迎接旅客并将其带到铺位上。

(13)在帮旅客摆放行李时,要先经旅客同意,摆放时轻拿轻放,同时要注意将行李摆放在旅客视线范围内,并提醒旅客自行看管好行李。避免将行李摆放在离旅客座位过远的行李架上,尤其是老年旅客的行李,要尽量放置在其座位的下方、上方或前方,避免其因无法照看而感到不安。

2. 途中服务

(1)当发现旅客自带旅行茶杯时,可询问旅客是否需要添加茶水。

(2)当旅客正在食用自带的食品时,可询问旅客是否需要清洁袋。

(3)仔细观察旅客,对神色异常、感觉不舒服的旅客及时给予关心和帮助。

(4)为旅客提供服务时,要使用规范的服务用语。

(5)当旅客结伴而行时,可为其调转座椅方向,使他们能够面对面乘车。若旅客与朋友或家人座位不在一起时,可尽量为其调换座位。

(6)在保障安全、不违反政策的前提下适当为患病、身材高大等有特殊困难的旅客调整到更加舒适的座位或为其升级座位等级。

列车马上要开动前,如旅客尚未就座,可上前提醒旅客坐好,注意安全。

(7)提醒旅客不要把容易滴洒的液体放在行李架上。

(8)提醒旅客保管好笔记本电脑等贵重物品或易碎物品。

(9)放置报纸后勤洗手,以免污染其他物品。要检查报纸日期,避免发放过期报纸。

(10)乘务人员在车厢中走动,动作要轻,避免碰撞正在阅读报刊或休息的旅客,拉帘子的动作要轻并要提前和旅客打好招呼,避免惊扰旅客。

(11)对于一等座旅客,如果旅客需要,可为其提供拖鞋。禁止用大、小托盘送拖鞋,送拖鞋时一次最多拿4双。可在旅客面前打开拖鞋的外包装、用手撑开拖鞋鞋面并将拖鞋整齐地摆放在旅客靠过道的脚边。

(12)提前安排好视频播放顺序。乘务人员要提前在车厢感受音量大小,并做适当调整。

(13)了解旅客对视频节目的反应,及时更换不受欢迎的节目。

(14)为特等座旅客提供饮品时,主动协助旅客打开小桌板。检查列车提供的食品、饮料的品质,以及餐饮用具是否干净。

(15)服务特等座旅客时,不要等到旅客的饮料全部喝完后再为旅客添加。热水须保持一定的温度,禁止为旅客提供"温吞水",提供茶水、咖啡、米饭或汤时,为了防滑避免烫着旅客,可在杯子、饭碗、汤碗与下面的垫盘之间垫张纸巾。

(16)为旅客送茶和咖啡时,可使用杯托。

(17)为特等座旅客服务时,要留心观察,最好在旅客开口之前就提供所需服务。

3. 餐食服务

(1)旅客预定的特殊餐食要优先提供。

(2)用委婉的语言提醒前排旅客调直座椅靠背,以方便后排旅客用餐。

(3)为特殊旅客(老人、盲人等行动不便的旅客)提供餐食服务时,要征求旅客意见。在征得其同意后,帮助其打开餐盒。

(4)为旅客冲泡热饮,须同时送上纸巾或湿纸巾。

(5)为旅客提供餐饮服务时要主动协助旅客放下或取出小桌板。

(6) 乘务人员为旅客送热饮时要提醒旅客小心烫手。

(7) 有旅客在餐饮服务时提出其他的需求,要尽可能及时满足。如当时无法满足,为了避免遗忘,可将旅客的需求、座位号记录下来并尽快给予满足。

(8) 禁止将热饮或杂物从旅客头顶上方传递,旁边旅客协助递送时须及时向提供帮助的旅客致谢。

(9) 服务过程中时刻提醒旅客注意安全,阻止儿童在过道上玩耍。

(10) 收餐时可在垃圾车的抽屉内准备一些餐巾纸和清洁袋,以及干净的湿毛巾(随时擦拭旅客小桌板上的汤汁)。

(11) 注意礼貌用语,对旅客提出的需求尽可能满足,确实无法满足时,委婉地向旅客说明原因,取得旅客的谅解。

(12) 掌握好服务节奏,减少旅客等待的时间。

(13) 列车变速运行时要固定好售货车内的物品,避免发出较大的声响。

4. 巡视车厢

(1) 动车组乘务人员须保持口腔清新,避免口腔异味干扰旅客。

(2) 要保持洗手间干净、卫生,定期打开洗手间通风口,及时喷洒香水,如部分洗手间马桶异味较大,须及时盖好马桶盖。

(3) 打扫洗手间时须关上洗手间的门,以免冲水的噪声和异味打扰旅客。

(4) 乘务人员单独回答旅客询问时,可以采用蹲式服务,音量以不影响其他旅客休息为宜;委婉提醒大声交谈的旅客,避免其影响其他旅客。

(5) 巡视车厢时避免碰撞看报或休息的旅客,如不小心碰撞旅客,应及时真诚地道歉。

(6) 旅客把报纸伸出过道阅读时,乘务人员应委婉地要求旅客把过道让出,并及时对旅客的配合表示感谢。

(7) 提醒大声喧哗的旅客保持车厢的安静,要注意说话的态度及语气,充分尊重旅客。宜采用征求意见式劝阻法,而不是严肃的命令式劝阻法。

(8) 通过与旅客交谈、发放旅客征询意见表等形式,消除旅客旅途的寂寞,培养旅客乘坐动车组出行的偏好。发放旅客征询意见表时,还须为旅客提供笔。

(9) 特等座旅客按了呼唤铃时,乘务人员应立即到车厢询问旅客:"请问有什么可以帮你?"之后关闭呼唤铃。禁止出现乘务人员直接关闭呼铃,不询问旅客需要什么帮助的情况。

(10) 询问特等座阅读书报的旅客是否需要打开阅读灯。

(11) 当洗手池水龙头出现故障时,乘务人员应主动为旅客提供湿纸巾。

(12) 列车上供旅客使用的服务设施出现故障时,乘务人员可以提前在出现故障的位置贴上一些提示性的告示。

(13) 乘务人员在工作中应时刻保持良好的精神面貌和训练有素的举止。

(14) 耐心倾听旅客的各种抱怨,力所能及地满足旅客的要求。

(15) 避免谈论有争议的话题,避免与旅客长谈。

(16) 列车快到站前,应及时将预计到站时间和到达地的天气等情况告知旅客。

(17) 特等座旅客暂时不用的毛毯应及时折叠,整齐地放在其座椅边缘;旅客看完后丢弃的报纸应及时收走。

(18) 乘务人员从座椅起身时,用手轻轻按压椅面,避免座椅强烈弹起而发出声响。

(19) 送客时,对行李较多的旅客应提供适当的帮助,当其堵住车厢通道时,应主动上前帮助旅客提拿行李;如旅客的背包肩带掉落,可帮其扶好。

5. 其他服务

(1) 旅客丢弃在车厢通道上的杂物,包括报纸、纸巾、包装纸,甚至是非常小的牙签、碎纸屑等都要及时清理干净。

(2) 注意观察旅客用餐的情况,及时回收旅客用完的餐盘及食品包装,回收时应避免将餐食的汤汁溅落在旅客身上。

(3) 为特等座旅客提供毛毯时,毛毯上的动车组标志应正面朝上。

(4) 当特等座旅客睡觉时,可协助旅客关闭阅读灯、拉上窗帘,根据旅客休息情况调暗车厢灯光。

(5) 旅客休息时,主动提醒旅客头朝窗户方向,避免餐车或行人碰撞其头部。

(6) 旅客休息时,应及时收走小桌板或座椅口袋中的杂物,避免杂物影响旅客休息,对于有水的水杯应及时收走或将盖子拧紧,以免水泼洒到旅客身上。

(7) 旅客睡着时,实行"零干扰"服务。

(8) 委婉阻止持低等级车票的旅客到高等级车厢就座,避免乘务人员及售货车频繁进出车厢。乘务人员说话要轻,动作也要轻,避免打扰旅客。

(二) 特殊旅客服务礼仪规范

1. 贵宾旅客

(1) 了解贵宾旅客的职务、年龄、性别、服务喜好等信息,以方便为其提供个性化的服务。

(2) 贵宾旅客上车时,及时为贵宾旅客挂好衣物并向其介绍座位号和到达站。

(3) 列车长代表乘务组向贵宾旅客致欢迎词,表达竭诚为其服务的意愿。

(4) 主动向贵宾旅客介绍供餐程序和餐食品种,征求贵宾旅客的意见后,再确定其用餐的品种和时间。

(5) 尽量减少对贵宾旅客的不必要打扰,如贵宾旅客不需要服务,乘务人员之间应做好沟通,避免重复询问。

(6) 送客时帮助贵宾旅客提拿行李并交给接站人员或随行人员,真诚地向贵宾旅客道别,表达期待再次为其服务的意愿。

(7) 与贵宾旅客聊天时,话题应避免涉及商业机密或政治方面的内容。

(8) 不要忽视贵宾旅客的随行人员,对贵宾旅客随行人员的各项服务应优先于普通旅客。

(9) 列车乘务人员应真诚地询问贵宾旅客及其随行人员对列车服务质量的满意度。

(10) 贵宾旅客随行人员下车时,也须主动向其道别。

2. 孕妇、儿童及携带婴儿的旅客

(1) 孕妇旅客上车时,应主动帮助其提、安放随身携带品。

(2) 向孕妇旅客多提供几个清洁袋,主动询问孕妇旅客乘车感受,随时给予照顾。

(3) 下车时,乘务人员可协助孕妇旅客提取行李。

(4) 儿童旅客上车时可弯腰向其问好,以表示欢迎及爱护,要告知儿童旅客的监护人在列车运行期间不要让孩子随便跑动,以免发生危险。

(5)根据车上现有条件向儿童旅客提供一些读物、玩具等。

(6)主动关闭婴儿所在座位的通风孔,告知携带婴儿的旅客卫生间换尿布台的位置及使用方法。

(7)主动帮助携带婴儿的旅客提拿行李并将行李安放整齐,事先提示其把婴儿用的物品取出,放在便于拿取的位置。

(8)用餐时,提醒携带婴儿的旅客及周围的旅客注意避免将小桌板上的饮料(尤其是热饮)泼洒到婴儿身上。主动询问携带婴儿的旅客是否需要为婴儿准备食物,是否要冲奶粉,有无其他特殊要求等。为婴儿准备热水时,用小毛巾或餐巾纸将冲好的奶瓶包好,递给照顾婴儿的旅客。

(9)提供饮料服务时,须先将饮料给儿童旅客的监护人后再由其转交给儿童旅客,根据需要为儿童旅客提供吸管。

(10)要时刻关注携带婴儿的旅客,但除非旅客请乘务人员帮忙,否则不要主动去抱婴儿。

(11)对于经过批准上车的无人陪伴、单独乘车儿童,须随时关注其情况并向其提供必要的帮助。

(12)列车到站时,与接站人员做好无人陪伴、单独乘车儿童的交接工作。

3.老年旅客

(1)老年旅客上车时,需主动上前搀扶并将其送到座位上。

(2)老年旅客腿部怕冷,应主动提供毛毯。

(3)由于老年旅客听觉较差,经常听不清楚广播内容,乘务人员应主动告诉其广播内容并向其介绍车厢服务设备、洗手间的位置等信息。与老年旅客讲话时,音量要提高,但要注意说话语气和服务态度。

(4)为老年旅客提供饮料时,应主动介绍饮料的相关情况,提醒老年旅客该饮料是否含有糖分。

(5)老年旅客用餐时,在征得其同意后,可主动为其打开餐盒及刀叉包。

(6)旅途中经常看望老年旅客,主动问寒问暖。工作空余时多与他们交谈,消除老年旅客的寂寞。

(7)主动帮助老年旅客填写旅客征询意见表。

(8)到达目的地后,提醒老年旅客别忘记所携带的物品,搀扶其下车,与接站人员做好交接。

(9)如老年旅客要使用洗手间,应及时满足并帮其放好马桶垫纸。

4.伤残旅客

(1)了解伤残旅客的到达站并将到达时间、换乘车次及时间等信息通过语言、手势或写字等多种有效的方式告诉伤残旅客。

(2)将车上设备的使用方法、洗手间位置、餐饮品种等内容通过语言、手势或写字等多种有效的方式告诉伤残旅客。服务过程中要尊重伤残旅客的意愿。

(3)将伤残旅客安排在离车门较近的位置。

(4)伤残旅客就座后,应主动询问其是否需要枕头或毛毯。

(5)对于下肢伤残的旅客,应及时用小纸箱等物品协助其垫高下肢,尽量使其感觉舒适。

(6)乘务人员在为伤残旅客(特别是刚受伤的旅客)服务的时候,应保持正常的心态,以免伤其自尊心,不可出现歧视、怜悯等态度。

(7)在供应饮料和餐食时,应帮助伤残旅客放好小桌板,在征得其同意后,帮助其打开餐盒。

(8)无人陪伴的伤残旅客去洗手间时要主动搀扶。

(9)到站后,帮助伤残旅客下车并与接站人员做好交接后,服务工作才结束。

(10)高速铁路客运服务工作中经常会遇到有语言障碍的旅客,掌握基本的手语非常必要。

5.晕车旅客

(1)轻声询问晕车旅客乘车前后的情况及有无晕车史,根据情况为旅客提供晕车药并加安慰。

(2)主动提供热毛巾、温水及清洁袋,建议晕车旅客解开过紧的领带或衣领扣。

(3)可将晕车旅客转移到人少、通风良好的车厢。

(4)待晕车旅客症状缓解后,适时为旅客提供服务。

(5)下车时,主动帮助晕车旅客提拿行李并搀扶其下车。

 任务实施

根据自身的经历和课前查阅资料,说说高铁车站、高铁列车客运服务质量规范有哪些内容,最后由教师总结归纳。

任务测评

教师依据同学们的回答情况,进行分组点评,并给出测评成绩。

序　号	评价内容	完成情况	存在问题	改进措施
1	课前知识查阅情况			
2	高铁车站、高铁列车客运服务质量礼仪掌握情况			
3	教师评价			

课后小结

根据老师的评价,各小组进行总结。

姓名		组号		教师	
自我小结:					

项目 4　高速铁路乘务服务礼仪

任务 1　高速铁路乘务服务工作认知

学习目标

1. 掌握列车乘务组组成、工作任务及高速铁路乘务服务的基本原则、服务心理。
2. 树立高速铁路客运服务礼仪意识,具备从事高铁客运服务礼仪的相关职业素养。

问题与思考

旅客在旅行过程中大部分时间在列车上度过,列车乘务组是直接接触旅客的,他们服务质量的好坏对于增加旅客满意度、培养旅客忠诚度、提升铁路整体形象都具有重要的意义。那么,高速铁路乘务服务工作都有哪些要求,他们的工作任务是什么呢?

工作任务

本任务就是带领大家理解列车乘务组的工作内容和高速铁路乘务服务的基本原则。

预备知识

一、乘务组的组成

1. 乘务组的组成

旅客列车乘务组由客运、车辆和公安等部门的人员共同组成。包括列车长、列车员、列车行李员、广播员、餐饮供应人员、检车员、车电员和乘警。

2. 乘务组的分工

(1) 客运乘务组:保证旅客和行李、包裹的安全,组织好列车饮食供应,保持车内各项设备的完整和列车的清洁卫生,对重点旅客重点照顾,检验车票,通报到站站名,保证旅客安全乘降,正确填写各种报表,及时正确地预报,乘务终了时,认真填写乘务报告。图 4-1 为乘务组列车员在立岗。

(2) 检车乘务组:负责客运车辆从始发站到终点站的

图 4-1　列车员在立岗

运行安全,到站时经常巡视及检查车辆走行部分,检查车内通风、给水、取暖、照明、门窗等各项设备的技术状态,对发生的故障及时处理。图4-2为检车乘务组(随车机械师)在作业。

(3)乘警组:协助客运乘务组维持列车秩序,调解旅客纠纷,做好旅客安全保卫工作。图4-3为乘警组在执勤。

图4-2　随车机械师在作业　　　　　　　图4-3　乘警组在执勤

3. 动车乘务组

(1)动车组人员组成。

司机:单趟运行4小时以内,单班单司机;否则双班单司机。

列车员:每组2人,其中车长1人。

检车员(随车机械师):每组1人。

乘警:若超过5小时,则每组配1人。

(2)工作时间标准与劳动机制。

值乘1次出乘时间(含出退勤、立折时间):单班单司机不超过8小时,双班单司机不超过12小时。双班单司机在动车组上的随车便乘时间不计入工作时间。

乘务组的工作要求是努力使自己达到铁路乘务组工作人员的标准,培养职业忠诚感。职业标准是着装统一,仪容整洁,职务标志佩戴在左胸上方;准时到达,坚决服从安排。

二、乘务组的工作任务

1. 乘务组的主要任务

(1)按规章制度及时验票和补票。

(2)通报站名和到发时刻。

(3)及时为旅客安排座席、铺位,保持列车内整洁、卫生。

(4)做好餐茶供应及文化服务工作。

(5)保证旅客上下车及旅途中的安全。

(6)充分发挥列车各种设备的效能,爱护车辆设备。

(7)保证行李、包裹安全、准确地到达目的地。

(8)充分掌握车内旅客及行包密度、去向,及时办理客流信息传报。

(9)维持列车内的治安秩序。

2. 乘务组的工作特点

乘务组的工作环境处于列车动态运行中的封闭状态,面对的是具有多元化旅行需求的旅客,需要在限定的设备条件和时间内,从实际出发及时有效地满足旅客提出的要求和处理临时发生的各种问题。

三、高速铁路乘务服务的基本原则

1. 旅客至上

从"以我为主"转变为"以客为主",从内心深处把旅客当成自己的"衣食父母",使旅客感受到热情、周到的服务,如图4-4所示。

2. 用心服务

从内心去感受和体会礼仪服务的重要性和必要性,养成职业习惯,做到发自内心服务。用心服务还包括通过各种方式获知旅客的需求信号,主动发现服务机会,及时、恰当、满意地服务。用心服务旅客如图4-5所示。

图4-4　让旅客感受到热情、周到的服务

图4-5　用心服务旅客

3. 持之以恒

持之以恒不会自发形成,需经过严格的岗位培训。要保持心态平衡,维系良好的服务心态,形成职业习惯,并持之以恒。

四、高速铁路乘务服务心理

(一)服务心理基本原则

1. 服务的内涵

学会尊重旅客,把握尊重他人、理解他人的服务内涵,学会从旅客的角度看待和处理问题。

2. 热情待客

应积极、热情、主动接近旅客,把旅客当家人,不能怠慢、排斥、挑剔。

3. 重视旅客

真诚对待旅客,主动关心旅客需求和感受。

4. 赞美旅客

发现旅客优点并发自内心的赞美。

(二) 服务人员的角色定位

(1) 乘务人员是旅客的秘书,对于旅客提出的问题,应耐心解释和热情服务,消除旅客的疑虑。

(2) 旅客是铁路及乘务人员的衣食父母,要让旅客感觉到"宾至如归",想旅客之所想,急旅客之所急。决不能不理不睬。

(3) 根据行业服务特点,在服务内涵方面准确定位,按照角色要求,对自己形象进行设计。

(三) 乘务人员的服务意识

(1) 乘务人员要及时、准确地发现旅客潜在需求,主动与旅客沟通,尽可能满足旅客要求。乘务人员为旅客讲解如图 4-6 所示。

(2) 积极主动为旅客着想。想旅客之所想,及时排忧解难。乘务人员为旅客指路如图 4-7 所示。

图 4-6　乘务人员在为旅客讲解

图 4-7　乘务人员在为旅客指路

(3) 耐心周到为旅客服务。根据旅客的性格特点,耐心办理业务,解答咨询。不把自己的情绪带入工作中,积极调整自己的情绪,以大局为重。乘务人员解答旅客问题如图 4-8 所示。

图 4-8　乘务人员在解答旅客问题

任务实施

根据自身的经历和课前查阅资料,说说高速铁路乘务人员在工作时应遵守哪些原则,最后由教师总结归纳。

任务测评

教师依据同学们的回答情况,进行分组点评,并给出测评成绩。

序 号	评价内容	完成情况	存在问题	改进措施
1	课前知识查阅情况			
2	高速铁路乘务人员原则、服务心理掌握情况			
3	教师评价			

课后小结

根据老师的评价,各小组进行总结。

姓名		组号		教师	

自我小结:

任务2　高速铁路列车乘务人员接待旅客礼仪

学习目标

1. 掌握高速铁路列车乘务人员接待旅客的基本常识。
2. 树立高速铁路客运服务礼仪意识,具备从事高铁客运服务礼仪的相关职业素养。

问题与思考

我们在乘坐动车组列车时,你注意过乘务人员是如何接待旅客的吗?乘务人员在接待旅客时,有哪些要求呢?

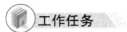
工作任务

本任务就是带领大家掌握高速铁路列车乘务人员接待旅客的相关礼仪和要求。

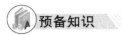
预备知识

一、接待旅客的基本常识

(一) 问候

即问好,打招呼,是用语言或动作向旅客进行致意的方式,常用于乘务工作中的迎客阶段。

1. 问候的顺序

乘务员先于旅客进行问候。人多时,可笼统加以问候,比如"大家/各位好"。逐一问候时,由长而幼、由女士而男士,或由近而远。乘务人员引导问候旅客上车如图4-9所示。

图4-9　乘务人员在引导问候旅客上车

2. 问候的态度

主动——积极、主动,当别人首先问候自己之后,要立即回应。

热情——问候别人时,要热情、友好。

自然——问候别人时,要自然、大方。

专注——问候别人时,要面含微笑,双目注视对方双眼,口到、眼到、心到,专心致志。

3. 问候的方式

问候的最佳方式:语言和动作相结合。乘务人员问候旅客如图4-10所示。

语言:"您好,先生/女士!""早上/上午/中午/下午/晚上好!""见到您很高兴""欢迎乘坐本次列车!"……。

动作:鞠躬。

图4-10　乘务人员问候旅客

(二)服务态度

应采用耐心、热情、谦逊、真诚的态度。

注意事项如下:

(1)要求尽量满足,做不到时耐心解释。

(2)应允的事,一定做到。

(3)无意碰撞或者影响乘客,及时道歉。

(4)遇熟悉的旅客,主动打招呼。

(5)对爱挑剔的旅客,耐心热情。

(6)对举止不端的旅客,沉着冷静。

(三)语言

1. 服务语言要求

标准规范、委婉含蓄、适度幽默、随机应变、简洁精炼、语言优美。

2. 服务语言规范技巧

(1)语调。

(2)谦敬语、礼貌语。

(3)姓氏+职务。

(4)善于聆听。

3. 服务语言禁忌

(1)避免粗俗、侮辱性语言。

(2)禁止使用方言。

(3)禁用会让旅客不满的语言。

(4)说话轻声。

(5)不对旅客品头论足。

(6)不打听私事。

(7)不谈论政治问题。

任务实施

根据自身的经历和课前查阅资料,说说高速铁路乘务人员在接待旅客时有哪些礼仪,最后由教师总结归纳。

任务测评

教师依据同学们的回答情况,进行分组点评,并给出测评成绩。

序 号	评价内容	完成情况	存在问题	改进措施
1	课前知识查阅情况			
2	高速铁路乘务人员接待旅客礼仪掌握情况			
3	教师评价			

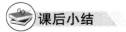 课后小结

根据老师的评价,各小组进行总结。

姓名		组号		教师	
自我小结:					

项目 5　城市轨道交通车站客运服务礼仪

任务 1　城市轨道交通车站客运服务人员的基本要求

学习目标

1. 了解城市轨道交通车站客运服务人员的基本素质要求。
2. 了解城市轨道交通车站客运服务人员的仪容仪表、着装、行为举止的要求。
3. 培养服务意识。

问题与思考

假如你是一名刚入职的城市轨道交通运营管理专业毕业生,被分配到了某车站,做一名车站客运服务人员。你高高兴兴地领到了公司配发的制服,上班第一天领导要求你按照车站客运服务人员的仪容仪表及着装要求整理自己的外在形象,并要求上班过程中严格按照车站客运服务人员的行为举止和语言标准规范自己。那么结合礼仪基本常识以及上岗前培训内容,城市轨道交通车站客运服务人员的基本要求有哪些呢?

工作任务

轨道交通服务礼仪是轨道交通运营企业员工在工作岗位上通过言谈、举止等对乘客表示尊重和友好的行为规范。它是轨道交通优质服务的重要组成部分。不仅有利于员工提高个人的内在修养,而且能够提升轨道交通运营企业的形象。本任务就是带领大家了解轨道交通车站客运服务人员的仪容仪表、着装、行为举止等方面要求。

预备知识

一、客运服务人员的基本素质要求

(1)身体健康,五官端正,持有健康证。
(2)上岗前应通过安全、技术业务培训,经理论、实作考试合格,持证上岗。
(3)熟知岗位职责和作业标准,技术业务熟练,并了解其他岗位作业标准,具备与其他岗位联劳协作的能力。

(4)认真执行规章、制度、作业标准,具备妥善处理突发事件的能力。
(5)掌握基本的手语、英语的语言沟通方式,具备为聋哑旅客和外籍旅客服务的能力。

二、仪容仪表的要求

城市轨道交通车站服务人员在仪容仪表方面,必须严格要求自己,将最好的一面展现给广大乘客,让乘客有清新舒适之感。仪容仪表修饰的基本要求是整洁、自然、端庄。具体要求如下。

(一)发型及发饰

发型的选择要考虑服务对象、环境以及自身特点。城市轨道交通服务人员面对乘客时,发型要以庄重、严肃、利落大方为原则。

1. 基本要求
(1)整齐利落,清洁清爽。
(2)发长过肩的女服务人员需将长发束起,佩戴有发网的头饰,将头发挽于发网内,发网最低位置不得低于衣领,头花端正。
(3)男服务人员要剪短发,具体要求为前发不遮额,侧发不过耳,后发不触领。
(4)服务人员戴帽子时,需将刘海别入帽子内,帽徽朝向正前方,不得戴歪。

2. 禁忌
(1)染发烫发过度明显夸张。
(2)女服务人员长发遮挡脸部,头发凌乱。
(3)留怪异发型。
(4)男服务人员留长发。

(二)面容

城市轨道交通服务人员面容基本要求为整洁、自然、端庄。女服务人员应适当化淡妆,但不能过于修饰。

1. 基本要求
(1)女服务人员上岗应着淡妆,保持清洁的仪容。
(2)男服务人员应保持脸面洁净,不可留胡须。
(3)佩戴眼镜时,应选择纯色镜架和无色镜片眼镜。
(4)女服务人员佩戴耳饰应选择简单、细小的样式,男服务人员避免佩戴耳饰。
(5)保持牙齿、口腔清洁,无异味。

2. 禁忌
(1)化浓妆或怪异妆。
(2)使用味道浓烈的化妆品。
(3)男服务人员留胡须。
(4)男服务人员佩戴耳部饰物。
(5)工作前食用葱、蒜、韭菜等带有刺激性气味的食物,或吸烟后上岗。

(三)手部

服务人员在引导乘客时、帮助乘客提拿行李或者搀扶行动不便的乘客时,手部不可避免地会接触乘客,因此,服务人员的手部要保持干净整洁。

1. 基本要求

(1) 保持手部干净、干燥。
(2) 时刻保持指甲干净整齐,经常修剪。
(3) 女服务人员只可涂肉色或透明色指甲油。
(4) 男服务人员如果经常吸烟要及时清理手部烟渍。
(5) 佩戴手表时选择简单样式。

2. 禁忌

(1) 服务乘客时手部出汗。
(2) 指甲过长。
(3) 夸张的指甲装饰品。
(4) 手表样式夸张。

三、着装要求

城市轨道交通服务人员的着装要统一,制服样式要简洁大方,能够代表城市轨道交通企业形象。

(一) 制服

1. 基本要求

(1) 干净无褶皱。
(2) 领口、袖口要保持整洁干净,衬衫放在裤子里侧。
(3) 裤袋限放工作证等扁平物品或体积微小的操作工具,避免服装变形。
(4) 季节更替时,应按规定更换制服,不得擅自替换。

2. 禁忌

(1) 缺扣、立领。
(2) 在套装和衬衫的胸袋内放入钱包、硬币等物品。
(3) 卷袖挽裤。
(4) 敞开衣襟。

(二) 鞋袜

1. 基本要求

(1) 穿着制服时应按规定穿黑色或深色的皮鞋,鞋面保持干净,黑色皮鞋配深色袜子。
(2) 女服务人员着裙时,长袜颜色应选择与肌肤相贴近的自然色或暗色系中的浅色丝袜。
(3) 皮鞋应定期清洁,保持干净光亮。

2. 禁忌

(1) 穿极度磨损的鞋及露脚趾脚眼的鞋。
(2) 穿图案过多的袜子。

(三) 工牌及袖章

1. 基本要求

(1) 挂绳式工号牌照片和字面应朝向乘客,工号牌绳放在制服外侧。

（2）非挂绳式工号牌应佩戴在制服左及上侧兜口的正上方位置，工号牌左下角袖章应抵住西服兜口边缘，并与地面保持水平。

（3）要求佩戴袖章的应将袖章按要求佩戴在左臂，袖章有字一面朝向外侧，佩戴平整。

2. 禁忌

（1）工牌上有装饰物，甚至盖住了姓名。

（2）工牌有损坏。

四、行为举止的要求

城市轨道交通客运服务人员的行为举止体现了员工的个人素养和工作状态，采用符合自身角色的仪态进行服务，更能被乘客接受。

（一）站姿

1. 基本要求

（1）上身挺胸收腹，头正目平，双肩平齐，双手自然下垂或体前轻握，下身应保持双腿直立，脚跟并拢。

（2）女士站立时，双脚成"V"字形或"丁"字形，双手相握叠放于腹前或双手下垂放于裤缝边。

（3）男士站立时，两脚分开与肩同宽，双手下垂放于裤缝边或叠放于腹前或放在背后。

2. 禁忌

（1）叉腰，抱膀，抖腿或把手插在衣袋内。

（2）站立时倚靠在墙或其他物体上。

（二）坐姿

1. 基本要求

（1）正面对准窗口，目光正视乘客身体挺直，两腿自然弯曲。

（2）男士双腿可以稍微分开。

（3）女士双腿必须靠近并拢。

2. 禁忌

（1）趴着，打瞌睡。

（2）用手托腮，侧身斜靠桌子。

（3）前俯后仰，把腿放在椅子上。

（三）行姿

1. 基本要求

（1）上身正直，挺胸收腹，两肩自然放松，双臂自然摆动。

（2）与乘客相遇时，应主动点头示意并侧身礼让。

2. 禁忌

（1）大摇大摆，勾肩搭背。

（2）嬉戏打闹，左顾右盼。

(四) 手势

1. 基本要求

(1) 为乘客指引时,手掌稍微倾斜,掌心向上,五指并拢,前臂自然向上抬,用手掌指路。
(2) 指示方向时,应目视目标方向。

2. 禁忌

(1) 五指分开,手掌松散。
(2) 用手指指点乘客。

(五) 目光

1. 基本要求

(1) 与乘客交谈或传递物品时,应坦然亲切,双眼正视乘客。
(2) 与乘客视线接触时,应点头微笑表示尊敬。

2. 禁忌

(1) 俯视乘客。
(2) 目光注视乘客时,总是盯着一个部位。

任务实施

1. 请按照城市轨道交通客运服务人员的基本要求来规范自己的外在形象,并服务一名"乘客"。
2. 以小组为单位,先整体展示仪容仪表及着装,然后设置简单情景,每个小组成员依次进行服务,服务内容尽可能不重复。
3. 在形体训练室或者空教室进行。

任务测评

教师依据同学们的回答情况,进行分组点评,并给出测评成绩。

序 号	评价内容	完成情况	存在问题	改进措施
1	课前知识查阅情况			
2	仪容仪表: 是否符合标准,是否出现禁忌			
3	着装: 是否符合标准,是否出现禁忌			
4	行为举止: 是否符合标准,是否出现禁忌			
5	服务用语: 是否得当			
6	展示完整性: 挺胸、腰背挺直			

续上表

序　号	评　价　内　容	完成情况	存在问题	改进措施
7	有编排： 脚尖向前或是"V"字形，女生"丁"字步			
8	教师评价			

课后小结

根据老师的评价，各小组进行总结。

姓名		组号		教师	
自我小结：					

任务2　城市轨道交通车站客运服务工作内容

学习目标

1. 了解城市轨道交通车站安全检查服务、问询和人工引导服务、售票服务、候车服务、检票服务、重点旅客服务。
2. 培养服务意识。

问题与思考

假如你是一名刚入职的城市轨道交通运营管理专业毕业生，被分配到某车站作为车站客运服务人员。第一天上班，你需要了解和学习车站各个服务岗位的工作内容及流程，以及掌握每个服务岗位服务过程中的相关礼仪知识。那么具体城市轨道交通车站各个岗位工作内容包括哪些？每个岗位工作中又需注意哪些礼仪问题呢？

工作任务

本任务将带领大家了解城市轨道交通车站安全检查服务、问询和人工引导服务、售票服务、候车服务、检票服务、重点旅客服务。

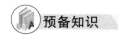预备知识

一、安全检查服务

城市轨道交通车站采用的是封闭式候车厅,具有高密度人流聚集的特点,城际线运营的列车也是全列封闭车厢,所以对旅客携带物品的安全性提出很高的要求。特别是近年来世界各国恐怖活动频发,为确保旅客旅行过程中生命财产不受威胁,作为旅客出行的首发地——车站的安全检查工作必须严格、规范。

(1)检查前,应主动向乘客问好:"您好,请您接受安检。"

(2)大型行李包裹应使用X光透视机检查仪,对于旅客随身携带的手包及贵重物品应使用手持金属探测器,特殊时期或有特殊需要,应由公安携警犬加强检查力度。

(3)检查过程中,如果乘客行李过多,应主动伸手帮助旅客把行李放到检测仪上。

(4)检查后应向乘客表示感谢:"给您添麻烦了,谢谢您的合作,再见。"

(5)如果安检时发现违禁品,应耐心向乘客指出哪些是违禁品并说明违禁品的处理方法。注意自己说话的语气和态度,避免让乘客感到难堪。

(6)当遇到乘客不耐烦时,要学会使用"对不起"。毕竟安检工作会给乘客带来麻烦,要主动道歉,并对乘客的配合表示感谢。

(7)如果乘客拒绝接受安检,服务人员切记不能大喊大叫,更不能蛮横无理。要耐心地说服乘客:"为了您和他人生命财产的安全,请您配合我们的检查,谢谢合作。"

二、问询和人工引导服务

车站为旅客提供的服务中最重要的是信息服务,即向旅客提供有关出行的一切信息,并将旅客对信息的接受程度以及对服务的感知程度搜集并进行反馈,从而不断地对自身服务进行完善,更好地满足旅客的需求。所以车站必须为旅客提供良好的问询、解答以及人工引导服务。

1. 设立旅客服务台

主要提供问询服务及旅客意见反馈。

在车站候车大厅中央部位设立旅客服务台,如图5-1所示,设置业务熟练经验丰富的服务人员一名,主要为旅客提供出行信息问询服务、列车到发信息查询服务、本市交通查询服务、人工引导服务、大件行李运送服务,简易医疗处理问题、外籍旅客及残障旅客帮助、旅客意见反馈等服务。

2. 设置值班室及值班电话

主要解答旅客疑问及处理旅客投诉。

车站一般应设立值班室并配备值班员一名、值班电话一台。值班室24小时接听旅客电话,值班员必须具备良好的业务能力和沟通技巧,随时解答

图5-1 旅客服务台

旅客疑问,并对旅客的投诉予以及时的处理。

3. 加强引导设施建设以及人工辅助引导

合理的引导可以帮助旅客简化在车站的乘车过程,缩短乘降时间。引导设施(图5-2)的设置必须人性化、简易易懂,设置位置需满足旅客的乘降最佳线路,达到旅客乘降便捷化、快速化。

三、售票服务

1. 自助查询、售票设施

旅客出行首要关注的问题就是如何能快捷地得到出行信息和购买车票。城市轨道交通高密度公交化的发车频率,使得旅客需要一种可以随到随走的购票方式,大量自动查询机、自动售票机的投入使用满足了旅客这一需求。

2. 人工售票(图5-3)

由于车票是有价证券,如果旅客因购买车票发生问题,会对旅客出行造成严重影响,经济上也会有所损失。所以售票员在工作中不仅应按照服务标准进行良好的服务,还应该加强售票过程中的反复询问和核实,并叮嘱旅客核对手中的票、款,避免发生因误售、误购导致旅客上错车、下错站或耽误乘车时间。

图5-2　引导设施

图5-3　人工售票

四、候车服务

城市轨道交通采用的是全封闭式候车厅,所以对候车区域的划分必须合理。根据客流量,每个检票口必须对应一个至两个候车区域。候车座椅的排列应便于旅客看到引导显示屏及检票信息通告牌。针对老、弱、病、残、孕等重点旅客设置的候车区域还应尽可能地设置在洗手间、开水间、室内商业场所,针对高端客户设置的VIP服务区附近,便于其行动。

五、检票服务

检票口应根据一般客流需求设置相应数量的检票闸机,闸机间距应考虑到一般旅客的身材及携带行李的大小。

提前检票的时间应根据列车停靠时间、客流量,以及一般旅客自检票进站至上车的走行时间来设定。并设置一个人工检票口,作为客流较大或部分闸机出现故障时,进行人工检票的通道。工作人员在检票过程中应注意为不会使用自动检票机旅客提供帮助。当需要进行人工检票时,切记注意核对票面信息后加剪,避免发生误剪,导致旅客坐错车。并严格执行停检制度,保障旅客人身安全。

六、重点旅客服务

重点旅客通常指老、弱、病、残、孕等出行时缺乏行为能力,需要工作人员帮助的旅客。

针对这类旅客我们应提供相应的无障碍设施,例如在车站设置重点旅客候车区域,盲道,直梯,提供带有盲文的查询设施,及轮椅、担架等,针对孕妇和儿童,还可设置母婴候车区、儿童欢乐园地等。

工作人员应该注意观察,发现有需要帮助的重点旅客,主动询问,热情提供帮助。工作人员还应具备手语、急救常识等能力,了解重点旅客的一般心理需求,尽可能做好服务。

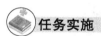

1. 模拟车站各个岗位工作人员的服务过程,要求按照城市轨道车站各岗位服务人员工作标准、工作流程以及服务礼仪要求完成工作。
2. 男生及女生均按规范穿着制服,佩戴工作证,携带对应岗位工作备品上岗。
3. 学生分六人一组,五人分别扮演客服中心、安全检查、自动售票机、闸机以及站台工作人员,一人扮演乘客。

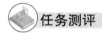

教师依据同学们的回答情况,进行分组点评,并给出测评成绩。

序　号	评价内容	完成情况	存在问题	改进措施
1	课前知识查阅情况			
2	客服中心流程: 正确、内容完整、礼仪标准、用语规范			
3	安全检查流程: 正确、内容完整、礼仪标准、用语规范			
4	自动售票机流程: 正确、内容完整、礼仪标准、用语规范			
5	闸机: 流程正确、内容完整、礼仪标准、用语规范			
6	站台: 流程正确、内容完整、礼仪标准、用语规范			
7	教师评价			

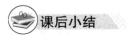 **课后小结**

根据老师的评价,各小组进行总结。

姓名		组号		教师	
自我小结:					

任务3　城市轨道交通乘客投诉处理

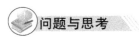 **学习目标**

1. 了解城市轨道交通的乘客投诉的分类。
2. 理解城市轨道交通的乘客投诉产生的过程。
3. 掌握乘客投诉处理的基本步骤。
4. 培养服务意识。

 问题与思考

假如你是一名刚入职的城市轨道交通运营管理专业毕业生,在你入职不久后的一天,领导找你谈话,告知有乘客因为某些小问题投诉了你,并安慰你乘客投诉情况时常发生,只要能够正确面对乘客投诉,认真倾听乘客投诉原因,处理好乘客投诉,对你今后的工作将会大有益处。那么,遇到乘客投诉时,我们应该如何处理呢?

 **工作任务**

当我们面对乘客的投诉时,我们需要掌握处理的方法,本任务将带领大家了解城市轨道交通的乘客投诉的分类及乘客投诉处理的基本步骤。

预备知识

一、城市轨道交通的乘客投诉

当乘客乘坐轨道交通时,会对出行的本身和企业的服务抱有良好的愿望和期盼值,如果这些要求和愿望得不到满足,就会失去心理平衡,由此就会产生"讨个说法"的行为,这就是投诉。广义地说,乘客任何不满意的表示都可以看作投诉。

(一)乘客投诉的分类

1. 按照投诉表达方式划分

顾客感到不满意后的反应不外乎两种:一是说出来,二是不说。据一项调查表明:在所有不满意的顾客中,有69%的顾客从不提出投诉,有26%的顾客向身边的服务人员口头抱怨过,而只有5%的顾客会向投诉管理部门(如客服中心)正式投诉。其中说出来的5%的投诉顾客所采取的表达方式可以分为三种:

(1)当面口头投诉(包括向公司的任何一个职员)。
(2)书面投诉(包括意见箱、邮局信件、网上电子邮件等)。
(3)电话投诉(包括热线电话、投诉电话等)。

2. 按投诉的内容划分

主要可以分为:车站服务、列车运行、乘车环境、票款差错等。

3. 按投诉的性质划分

可以分为有效投诉和无效投诉。当乘客投诉属于正当权益维护时,则视为有效投诉。如果乘客投诉属于无理取闹型,则视为无效投诉。

(二)乘客投诉产生的过程

下面我们先看一个案例:2010年9月,北京地铁某车站,一位乘客来到售票窗口要求为储值卡充值,因为是客流高峰期(北京地铁规定客流高峰期不能提供充值服务),售票员没有解释原因,直接就说:"不能充值。"态度生硬。该乘客要求解释原因时,售票员不耐烦地用手指了指旁边的告示,接着就售票给下一位乘客。该乘客认为该售票员态度恶劣,和售票员发生争执,售票员认为制度规定了客流高峰期本来就不能充值,觉得自己没有做错,乘客不满,事后投诉。

通过案例,我们可以看出,乘客投诉的一般过程如图5-4所示。

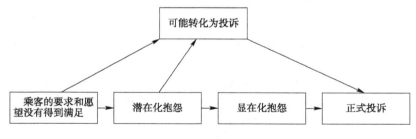

图5-4 乘客投诉的一般过程

(三)认识投诉

只要是服务行业,就无法避免消费者的抱怨和投诉,即使是最优秀的服务企业,也不可能保证永远不发生失误或引起投诉。

作为城市轨道交通的客运服务部门,在服务过程中引起乘客投诉是很正常的,不能一味地恐惧投诉、厌恶投诉。

我们需要对投诉有一个清醒的认识,这样才能更好地处理投诉,更有效地改进服务工作并提高服务质量。

1. 重视投诉

乘客的投诉大多是刺耳尖锐的、直接的、不留余地的。许多服务人员把投诉当成一个"烫手山芋",希望最好不要发生,可是对于一家公司来说没有投诉的声音却未必是个好消息。因为通过投诉往往可以暴露服务的薄弱环节。

2. 欢迎投诉

乘客的投诉能给企业机会以回顾和检查在乘客服务中不合适的方面。在投诉处理过程中,服务人员可以向乘客解释企业的规定和标准,从而使乘客和企业能够更好地理解和沟通。因此,作为服务人员既不需要对投诉感到尴尬,也不需要带有畏惧和抵触的心理。

(四) 乘客投诉处理的原则

1. 安全第一,乘客至上的原则

安全第一,乘客至上就是指在保证地铁安全的前提下,站务员应最大限度地满足乘客需求。只有了解了乘客的需求,才能对症下药,才能向乘客提供优质的服务。

2. 不推脱责任的原则

很多站务员面对乘客投诉的第一反应是:"是我的责任吗","如果乘客向上级投诉,我应该怎么解释"。他们常常会说:"如果是我的问题,我一定帮您解决。"这看似十分礼貌,但却是一个十分糟糕的开头。站务员必须清楚地认识到,乘客既然选择投诉就压根没有想到是自己的错,而是想从你那边得到心理安慰,让你重视他的投诉。

面对乘客投诉和不满情绪,站务员首先要反思自己的不足,向乘客道歉,只有表明了这种态度,才能更好地处理乘客投诉。

3. 先处理情感,后处理事件的原则

我们先看一个故事:美国有一家汽车修理厂,他们有一条服务宗旨很有意思,叫做"先修理人,后修理车"。什么叫"先修理人,后修理车"呢?一个人的车坏了,他的心情会非常不好,你应该先关注这个人的心情,然后再关注汽车的维修。

对于城市轨道交通运营企业来说也是如此:每一位投诉的乘客,心情都不会好,我们在处理时,需要先关注这个人的心情,让乘客先平息怒气,然后再想办法帮助乘客解决问题。

4. 包容乘客的原则

包容乘客就是指站务员对乘客的一些错误行为给予理解和宽容。包容乘客的核心是善意的理解。当发现乘客的某些行为违反规定时,只要给予乘客善意的提醒即可。站务员要懂得体谅乘客,避免让乘客处于难堪的状态。

虽然乘客的投诉并不都是对的,但那种得理不让人的解决方法,必将会造成双方的关系紧张而不利于问题的解决。如果站务员能够包容乘客,那么由此而引发的冲突就能得到及时避免。

(五) 乘客投诉处理的基本步骤

1. 用心倾听

抱怨的乘客需要有忠实的听众,工作人员喋喋不休的解释只会让乘客感觉在推卸责任,从而使乘客的心情更差。面对乘客的投诉,工作人员需要掌握倾听的技巧,从乘客的抱怨中找出真正的原因以及其所期望的结果。

具体做法：乘客投诉到车站时，应先请乘客坐下并及时给乘客倒水，表示对乘客的尊重。

乘客叙述时要用心倾听，让乘客发泄情绪，在倾听过程中，可以插入"那么，然后呢""噢，原来是这样"等随顺的话语，不要轻易打断。

如果有不明白的地方，要等乘客说完后，以婉转的方式请乘客提供情况，如："对不起，是不是可以再向您请教……?"

适当安抚乘客情绪，如"请您别着急""您先消消气"等。

适时表示赞同，如"我很理解您的感受。"

2. 真诚道歉

当乘客抱怨或投诉时，无论是否是工作人员的原因，我们都要诚心地向乘客道歉，并对乘客提出的问题表示感谢。尤其是在我们的工作确实有过失的情况下，更应该马上道歉。如"对不起，给您添麻烦了。"这样可以让乘客感到自己受到了重视。

3. 协商解决

在听完乘客投诉之后，工作人员首先要弄清楚乘客投诉和抱怨的原因，了解乘客的想法，切忌在没有了解乘客想法之前就自作主张地直接提出解决方案。

在协商解决时，不要推卸责任，指责或敷衍乘客。在明白乘客的想法后，首先，要十分有礼貌地告知乘客将要采取的措施，并尽可能让乘客同意。如果乘客不知道或者是不同意这一处理决定，就不要盲目地采取行动。

4. 行动

乘客同意处理意见后，工作人员需要说到做到，而且是马上做到，速度很关键。如果有些措施无法当场兑现，或遇到一些投诉，被投诉的员工不在现场的情况，可以采取电话道歉、书面道歉等处理方式。

5. 感谢乘客

对待乘客的投诉一定要表示感谢，感谢乘客选择我们的服务并发现服务中的不足。因为这些批评指导意见会协助企业提高管理水平和服务质量。

6. 常见问题的解决要点

问题1：乘客提出批评或建议。

(1) 乘客提出的批评实际上是为了改进车站工作的，应该谦虚谨慎，热情对待。

(2) 当自己确实出现工作失误而引起乘客不满时，要虚心接受，诚心诚意地向乘客表示感谢和道歉，并在工作中改正。

(3) 如果乘客批评的问题与实际有出入，也应该耐心地听完乘客的批评或建议，抱着"有则改之，无则加勉"的正确梯度，可在表示欢迎和感谢的基础上，适当做一点解释。

(4) 如乘客提出的批评与自己无关，要抱着关心的态度对待乘客，切忌态度冷漠、语言生硬，必要时可以交给上级处理。

问题2：乘客在车站内发生伤害（如被车门夹伤、在扶梯处摔倒）等情况。

(1) 安抚乘客情绪，了解伤害状况。

(2) 当乘客提出要去医疗机构检查的要求时，应按照地铁相应规定进行处置，必要时应该让工作人员同乘客一起去医疗机构就诊。

(3)在处理乘客伤害过程中,切忌推诿或拒绝其就医要求。对未发生伤害的乘客,要耐心地向乘客解释,讲明公司的规定,必要时,向上级报告,求得解决办法。

(六)投诉案例分析

事件一:

2010年1月,有两位乘客持同一张公交一卡通进站,当一名乘客刷卡进站后,把一卡通给了同行的人,另外一名乘客无法刷卡进站,因客流量较多,该站票务员没有问清原因,直接对一卡通进行了进站更新,另外一名乘客也顺利进站,但出站时被站务员发现,要求补票。乘客不满意,认为已经刷过两次并扣完钱了,坚持不肯补票,站务员则主观臆断他们违规使用车票,故意逃票,发生争执。

投诉原因分析:

(1)票务员帮助乘客更新车票时没有了解和确认原因,造成一票多人进站,给后来纠纷的发生埋下了种子。

(2)乘客不清楚票务政策,认为已经扣过两次钱,导致乘客和站务员发生争执。

(3)站务员主观意识过强,认为是乘客故意逃票,导致乘客和站务员的纠纷升级。

投诉处理技巧:

(1)发现情况后,站务员不能主观臆断,应该礼貌地先了解原因。

(2)对票务员的工作失误向乘客表示抱歉,并向乘客做好票务政策的解释,注意在和乘客沟通的过程中应耐心地使用礼貌用语。

(3)如果乘客同意补票,站务员应向乘客表示感谢。如:"谢谢您的理解和配合。"

改善措施与建议:

员工在处理乘客车票时应加强工作的责任心,当乘客持一卡通无法进站时,应先向乘客确认是否是一票多人进站。

事件二:

2010年2月,有一名乘客来到乘客服务中心,认为大概半小时以前售票员少找给他五十元钱,售票员在听取情况后,个人认为不会少找钱给乘客,直接就和乘客说:"我都售票这么长时间了,不可能出现少找给您钱的情况。"乘客很激动,开始指责售票员的不是,并要求找值班站长投诉……

投诉原因分析:

(1)售票员在售票过程中,没有严格按照售票作业程序,导致乘客怀疑售票员少找钱给他,是和乘客发生纠纷的主要原因。

(2)当乘客回来说少找钱的时候,售票员没有认真做好乘客安抚工作,而是一口咬定自己没有少找钱,导致乘客情绪激动。

投诉处理技巧:

(1)当乘客认为票款不符时,应耐心地向乘客解释:"对不起,我们的票款是当面点清的,请您再确认一下,您的票款是否正确,多谢。"

(2)如果乘客坚持认为少找钱,先安抚乘客,平息乘客的情绪,然后提出解决方案:将请求上报车站控制室进行查账,最终确定乘客的反映是否属实。

(3)如果属实,需要向乘客道歉,并退还少找的钱款,如果不属实,应该耐心地向乘客解释，做好安抚工作："对不起，经我们查实，我们的票款没有差错，请您谅解。"如果乘客为难工作人员，可以请求公安的配合。

改善措施与建议：

售票员应该严格按照标准售票作业程序，并提醒乘客当面点清票款。

任务实施

模拟城市轨道交通车站服务时，发生乘客投诉的过程，并处理乘客投诉至乘客满意。扮演工作人员和乘客的学生事先不能商议对词，需考察临场反应发挥。

1. 将学生分两组，一组为工作人员组，一组为乘客组。
2. 任务开始后，由教师在两组中任意抽取工作人员和乘客作为搭档。
3. 教师随机设置情景，两名同学 3 分钟思考后开始模拟演练。

任务测评

教师依据同学们的回答情况，进行分组点评，并给出测评成绩。

序 号	评价内容	完成情况	存在问题	改进措施
1	课前知识查阅情况			
2	处理流程： 投诉处理是否符合标准流程			
3	倾听技巧： 用心倾听、适当回应、细心纪录			
4	处理技巧： 分析乘客诉求，真诚道歉			
5	乘客评价：乘客是否满意处理结果			
6	整体评价：整体过程自然流畅，处理得当			
7	教师评价			

课后小结

根据老师的评价，各小组进行总结。

姓名		组号		教师	
自我小结：					

附录 动车组列车服务质量规范

1 适用范围

本规范对中国铁路总公司所属铁路运输企业的动车组列车旅客运输服务提出了质量要求。

2 术语和定义

2.1 动车组列车:指由若干带动力和不带动力的车辆以固定编组组成、两端设有司机室的一组列车。

2.2 重点旅客:指老、幼、病、残、孕旅客。特殊重点旅客是指依靠辅助器具才能行动等需特殊照顾的重点旅客。

3 安全秩序

3.1 防火防爆、人身安全、食品安全、现金票据、结合部等安全管理制度健全有效。

3.2 出、入动车所前,由车辆、客运人员对上部服务设施状态进行检查,办理一次性交接;运行途中,发现上部服务设施故障时,客运乘务人员立即向列车长报告,并通知随车机械师共同确认、处理。

3.3 各车厢灭火器、紧急制动阀(手柄或按钮)、烟雾报警器、应急照明灯、防火隔断门、紧急门锁、紧急破窗锤、气密窗、厕所紧急呼叫按钮及车门防护网(带)、应急梯、紧急用渡板、应急灯(手电筒)、扩音器等安全设施设备配置齐全,作用良好,定位放置。乘务人员知位置、知性能、会使用。

3.4 安全使用电源,正确使用电器设备。电器元件安装牢固,接线及插座无松动,按钮开关、指示灯作用良好;不乱接电源和增加电器设备,不超过允许负载。配电室(箱)、电气控制柜锁闭,无堆放物品。不用水冲刷车内地板、连接处和车内电器设备。

3.5 餐车配置的微波炉、电烤箱、咖啡机等厨房电器符合规定数量、规格和额定功率,规范使用,使用中有人监管,用后清洁,餐车离人断电。

3.6 执行车门管理制度。

3.6.1 列车到站停稳后,司机或随车机械师开启车门,并监控车门开启状态。开车前,列车长(重联时为运行方向前组列车长)接到车站与客运有关的作业完毕通知后,按规定通知司机或随车机械师关闭车门。

3.6.2 动车组列车停靠低站台时,到站前乘务人员提前锁闭辅助板指示锁并打开翻板,开车后及时将翻板及辅助板指示锁复位。

3.6.3 餐车上货门仅供餐车售货人员补充商品、餐料时使用,无旅客乘降。

3.6.4 列车运行中,车门、气密窗锁闭状态良好。定期巡视,保持通道畅通。发现车门未锁闭或锁闭状态不良时,指派专人看守,并及时通知随车机械师处理。

3.7 安全标志设置齐全、规范,符合标准。采用广播、视频、图形标志、服务指南等方式,宣传安全常识和车辆设备设施的使用方法,提示旅客遵守安全乘车规定。

3.8 运行中做好安全宣传和防范,车内秩序、环境良好,无闲杂人员随车叫卖、拣拾、讨要。发现可能损坏车辆设施和影响安全、文明的行为及时制止。

3.9 全列各处所禁止吸烟,加强禁烟宣传,发现吸烟行为及时劝阻,并由公安机关依法查处。

3.10 行李架、大件行李存放处物品摆放平稳、牢固、整齐。大件行李放在大件行李存放处,不占用席(铺)位,不堵塞通道。锐器、易碎品、杆状物品及重物等放在座(铺)位下面或大件行李存放处。衣帽钩限挂衣帽、服饰等轻质物品。使用小桌板不超过承重范围。

3.11 发现旅客携带品可疑及无人认领的物品时,配备乘警(或列车安全员,下同)的列车通知乘警到场处理;未配备乘警的列车由列车长按规定处理,对危险品做好登记、保管及现场处置,并交前方停车站(公安部门)处理。

3.12 发现行为、神情异常旅客时,重点关注,配备乘警的列车通知乘警到场处理;未配备乘警的列车由列车长处理,情形严重时交列车运行前方停车站处理。

3.13 发生旅客伤病时,提供协助,通过广播寻求医护人员帮助;情形严重的,报告客调。

3.14 办理站车交接,短编组动车组列车在4、5号车厢之间;长编组动车组列车在8、9号车厢之间;重联动车组列车在列车运行方向前组第7、8位车厢之间。

3.15 乘务人员进出车站和动车所(客技站)时走指定通道,通过线路时走天桥、人行地道,走平交道时做到"一停二看三通过",不横越线路,不钻车底,不跨越车钩,不与运行中的机车车辆抢行。进出车站时集体列队。

3.16 乘务人员在接班前充分休息,保持精力充沛,不在班前、班中、折返站饮酒。

4 设备设施

4.1 车辆设备设施齐全,符合动车组出所质量标准。

4.1.1 乘务员室、监控室、多功能室、洗脸间、厕所、电气控制柜、备品柜、储藏柜、清洁柜、衣帽柜、大件行李存放处、软卧会客室等不挪作他用或改变用途。多功能室用于照顾重点旅客。

4.1.2 车辆外观整洁,内外部油漆无剥落、褪色、流坠;车内顶棚不漏水,内外墙板及车内地板无破损、无塌陷、不鼓泡;渡板及各部位压条、压板、螺栓不松动、无翘起;脚蹬安装牢固,无腐蚀破损;手把杆无破损、松动。各部位金属部件无锈蚀。

4.1.3 广播、空调、电茶炉、饮水机、照明灯具、电子显示屏、电视机、车载视频监控终端、控制面板、电源插座、车门、端门、儿童票标高线、地板、车窗、翻板、站台补偿器、窗帘、座椅、脚蹬、小桌板、靠背网兜、茶桌、座席号牌、衣帽钩、行李架、垃圾箱、洗手盆、水龙头、梳妆台、面镜、便器、洗手液盒、一次性座便垫盒、卫生纸盒、擦手纸盒、婴儿护理台、镜框、洗脸间门帘、干手器、商务座车小吧台、呼唤应答器、阅读灯、软卧车铺位号牌、包房号牌、卧铺栏杆、扶手、呼叫按钮、沙发、报刊栏、餐车侧门、餐桌、吧台、冰箱、展示柜、微波炉、电烤箱、售货车等服务设备设施齐全,作用良好,正常使用,外观整洁,故障、破损及时修复。

4.1.4 车厢通过台外端门框旁设儿童票标高线。儿童票标高线宽10毫米、长100毫米,距地板面分别为1.2米和1.5米,以上缘为限,距内端门框约100毫米。

4.2 车内各种服务图形标志型号一致,位置统一,安装牢固,齐全醒目,符合规定。

4.3 车厢外部的电子显示屏显示列车运行区间、车次、车厢顺号等信息,车内电子显示屏显示列车运行区间、车次、车厢顺号、停站、运行速度、温度、中国铁路客户服务中心客户服务电话(区号+电话号码)、安全提示等信息,显示及时、准确。

5 服务备品

5.1 服务备品、材料等符合国家环保规定,质量符合要求,色调与车内环境相协调。

5.2 服务备品齐全,干净整洁,定位摆放。布制、易耗备品备用充足,保证使用。布制备品按规定时间使用和换洗,有启用时间(年、月)标志。

5.2.1 软卧车(含高级软卧车)
——包房内有被套、被芯、枕套、枕芯、床单、垫毯、卧铺套、靠背套、茶几布、一次性拖鞋、衣架、不锈钢果皮盘、带盖垃圾桶、热水瓶、面巾纸盒及服务指南、免费读物。
——备有托盘、热水瓶和一次性硬质塑料水杯。

5.2.2 软卧代座车
——包房内有卧铺套、靠背套、不锈钢果皮盘。
——包房门框上原铺位号牌处有座席号牌。
——备有热水瓶和一次性硬质塑料水杯。

5.2.3 商务座车
——提供小毛巾,就餐时提供餐巾纸、牙签。
——有耳塞、靠垫、鞋套、一次性拖鞋、清洁袋和专项服务项目单、服务指南、免费读物。
——备有防寒毯、耳机、眼罩、托盘、热水瓶和一次性硬质塑料水杯。

5.2.4 特、一、二等座车
——有清洁袋、免费读物和服务指南,放置在座椅靠背袋内或其他指定位置。
——有座椅套、头枕片;特、一等座车座椅有头枕。
——电茶炉配有纸杯架的,有一次性纸杯。
——乘务组备有热水瓶、耳塞和一次性硬质塑料水杯。

5.2.5 餐车
——有座椅套。
——有售货车、托盘、热水瓶、一次性硬质塑料水杯。
——备有餐巾纸、牙签。

5.2.6 洗脸间有洗手液、擦手纸(或干手器)。

5.2.7 厕所内有芳香盒和水溶性好的卫生纸、擦手纸,坐便器有一次性座便垫圈,小便池内放置芳香球。

5.3 贴身卧具(被套、床单、枕套)和头枕片干燥、清洁、平整,无污渍、无破损,已使用与未使用的折叠整齐,分别装袋保管。卧具袋防水、耐磨、干净、无破损。贴身卧具与其他布质备品分类洗涤;洗涤、存储、装运及更换不落地、无污染。

5.4 卧车垫毯、被芯、枕芯等非贴身卧具备品干燥、清洁,无污渍、无破损,定期晾晒。被芯、枕芯先加装包裹套,再使用被套、枕套。包裹套定期清洗,保持干燥整洁。

5.5 布制备品定位存放在储物(藏)柜内。无储物(藏)柜或储物(藏)柜容量不足的,软卧车定位放置在3、7、11号卧铺下。

5.6 有厕所专用清扫工具,与车内清扫工具分开定位存放在清洁柜;无清洁柜的定位隐蔽存放。商务座、特等座、一等座车厢客室内不存放清洁工具。清扫工具、清洁剂材质符合规定。

5.7 清洁袋质地、规格符合规定,具有防水、承重性能。

5.8 每标准编组车底配备2辆垃圾小推车,垃圾小推车、垃圾箱(桶)内用垃圾袋,垃圾袋符合国家标准,印有使用单位标志,与垃圾箱(桶)规格匹配,厚度不小于0.025毫米。

5.9 列车配有票剪、补票机、站车客运信息无线交互系统手持终端和GSM-R通讯设备;乘务人员配置具备录音功能的手持电台及音视频记录仪。设备电量充足,作用良好。站车客运信息无线交互系统手持终端在始发前登录,途中及时更新信息。

6 整备

6.1 出库标准

6.1.1 车厢内外各部位整洁,窗明几净,四壁无尘,物见本色。

6.1.1.1 外车皮、站台补偿器内外、窗门框及玻璃、扶手干净、无污渍。

6.1.1.2 天花板(顶棚)、板壁、边角、地板、连接处、灯罩、座椅(铺位)、空调口、通风口、电茶炉、靠背袋网兜内等部位清洁卫生,无尘无垢无杂物。

6.1.1.3 热水瓶、果皮盘、垃圾箱(桶)、洗脸间内外洁净。

6.1.1.4 餐车橱、柜、箱干净无异味,分类标志清晰,商品、餐、饮品和备品等分类定位放置。

6.1.1.5 厕所无积便、积垢、异味,地面干净无杂物。污物箱内污物排尽。

6.1.2 深度保洁结合检修计划安排在白天作业,范围包括车厢天花板、板壁、遮阳板(窗帘)、灯罩、连接处、车梯、商务座椅表面、座椅(铺位)缝隙、座椅扶手及旋转器卡槽、小桌板脚踏板、暖气罩缝隙、洗手液盒、车厢边角,以及电茶炉、饮水机内部。

6.1.3 布制品、消耗品和保洁工具等服务备品配备齐全,定位放置,定型统一。

6.1.3.1 卧具叠放整齐,摆放统一,床单、头枕片、座席套、茶几布等铺设平整,干净整洁。

6.1.3.2 清洁袋、洗手液、卫生纸、擦手纸、一次性座便垫圈、服务指南、免费读物、商务座专项服务等备品补足配齐,定位放置。服务指南中含有旅行须知、乘车安全须知、本车型的设备设施介绍、主要停靠站公交信息、铁路12306手机客户端和微信公众号二维码及本趟列车销售的商品价目表、菜单。

6.1.3.3 垃圾小推车等保洁工具及售货车等备品定位放置,不影响旅客使用空间。

6.1.4 可旋转式座椅转向列车运行方向。

6.1.5 定期进行"消、杀、灭",蚊、蝇、蟑螂等病媒昆虫指数及鼠密度符合国家规定。

6.2 途中标准

6.2.1 使用垃圾小推车和专用工具适时保洁,保持整洁卫生。旅客下车后及时恢复车容。

6.2.1.1 各处所地面墩扫及时,干燥、干净;台面、桌面、面镜擦抹及时,干燥、无水渍。

6.2.1.2 洗脸(手)池、电茶炉沥水盘清理、擦抹及时,无污渍,无残渣,无堵塞,无积水;垃圾车、垃圾箱(桶)、清洁袋、靠背袋网兜、果皮盘清理及时,无残渣;厕所畅通无污物,无异味,按规定吸污。

6.2.1.3 餐车餐桌、吧台、工作台、微波炉及各橱、箱、柜内保持洁净。

6.2.2 清洁袋、洗手液、卫生纸、擦手纸、一次性座便垫圈等备品补充及时;卧具污染更换及时。

6.2.3 垃圾装袋、封口、无渗漏,定位放置,在指定站定点投放;不向车外扫倒垃圾、抛扔杂物。

6.3 终到标准

终到站时车内无垃圾、污水、粪便、异味。垃圾装袋、封口、无渗漏,到站定点投放。

6.4 到站立即折返标准

6.4.1 站台侧车外皮、门框、车窗干净,无污物、无积尘。

6.4.2 车内地面清洁,行李架、大件行李存放处、扶手及座椅(铺位)、窗台上和靠背网兜内干净整洁;垃圾箱(桶)内无垃圾,无异味。

6.4.3 热水瓶、果皮盘内外洁净,垃圾箱(桶)、洗脸间四周洁净。

6.4.4 餐车橱、柜、箱干净无异味,分类标志清晰,商品、餐、饮品和备品等分类定位放置。

6.4.5 洗脸间、厕所面镜洁净,洗脸(手)池、便器无污物、无异味。电茶炉沥水盘洁净。

6.4.6 布制品、消耗品和保洁工具等服务备品配备齐全,定位放置,定型统一。

6.4.6.1 卧具叠放整齐,摆放统一,床单、头枕片、座席套、茶几布等铺设平整,干净整洁。

6.4.6.2 清洁袋、洗手液、卫生纸、擦手纸、一次性座便垫圈、服务指南、免费读物、商务座专项服务等备品补足配齐,定位放置。

6.4.6.3 保洁工具、售货车等备品定位放置,不影响旅客使用空间。

6.4.7 可旋转式座椅转向列车运行方向。

7 文明服务

7.1 仪容整洁,着装统一,整齐规范。

7.1.1 头发干净整齐,颜色自然,不理奇异发型、不剃光头。男性两侧鬓角不得超过耳垂底部,后部不长于衬衣领,不遮盖眉毛、耳朵,不烫发,不留胡须;女性发不过肩,刘海长不遮眉,短发不短于7厘米。

7.1.2 面部、双手保持清洁,身体外露部位无文身。指甲修剪整齐,长度不超过指尖2毫米,不染彩色指甲。

7.1.3 女性淡妆上岗,唇线与口红的颜色一致;眉毛修剪整齐,眉笔和眼线为黑色或深棕色;眼影的颜色与制服一致;使用清香、淡雅型香水。工作中保持妆容美观,端庄大方。补妆及时,在洗手间或乘务间进行。不浓妆艳抹。

7.1.4 乘务组换装统一,衣扣拉链整齐。着裙装时,丝袜统一,无破损。系领带时,衬衣束在裙子或裤子内。外露的皮带为黑色。佩戴的外露饰物款式简洁,限手表、戒指各一只,女性还可佩戴发夹、发箍或头花及一副直径不超过3毫米的耳钉。不歪戴帽子,不挽袖子和卷裤脚,不敞胸露怀,不赤足穿鞋,不穿尖头鞋、拖鞋、露趾鞋,鞋的颜色为深色系,鞋跟高度不超过3.5厘米,跟径不小于3.5厘米。

7.1.5 佩戴职务标志,胸章牌(长方形职务标志)戴于左胸口袋上方正中,下边沿距口袋1厘米处(无口袋的戴于相应位置),包含单位、姓名、职务、工号等内容。臂章佩戴在上衣左袖肩下四指处。按规定应佩戴制帽的工作人员,在执行职务时戴上制帽,帽徽在制帽折沿上方正中。除列车长外,其他客运乘务人员在车厢内作业时可不戴制帽。

7.1.6 餐车加热、供应餐食时,服务人员戴口罩、手套;女性穿围裙。

7.2 表情自然,态度和蔼,用语文明,举止得体,庄重大方。

7.2.1 使用普通话,表达准确,口齿清晰。服务语言表达规范、准确,使用"请、您好、谢谢、对不起、再见"等服务用语。对旅客、货主称呼恰当,统称为"旅客们""各位旅客""旅客朋友",单独称呼"先生、女士、小朋友、同志"等。

7.2.2 旅客问讯时,面向旅客站立(工作人员办理业务时除外),目视旅客,有问必答,回答准确,解释耐心。遇有失误时,向旅客表示歉意。对旅客的配合与支持,表示感谢。

7.2.3 坐立、行走姿态端正,步伐适中,轻重适宜。在旅客多的地方,先示意后通行;与旅客走对面时,要主动侧身面向旅客让行,不与旅客抢行。列队出(退)勤(乘)时,按规定线路行走,步伐一致,箱(包)在同一侧。

7.2.4 立岗姿势规范,精神饱满。站立时,挺胸收腹,两肩平衡,身体自然挺直,双臂自然下垂,手指并拢贴于裤线上,脚跟靠拢,脚尖略向外张呈"V"字形。女性可双手四指并拢,交叉相握,右手叠放在左手之上,自然垂于腹前;左脚靠在右脚内侧,夹角为45度呈"丁"字形。

7.2.5 列车进出站时,在车门口立岗,面向站台致注目礼,以列车进入站台开始,开出站台为止。办理交接时行举手礼,右手五指并拢平展,向内上方举手至帽檐右侧边沿,小臂形成45度角。

7.2.6 清理卫生时,清扫工具不触碰旅客及携带物品。挪动旅客物品时,征得旅客同意。需要踩踏座席、铺位时,戴鞋套或使用垫布。占用洗脸间洗漱时,礼让旅客。清洁厕所时,作业人员戴保洁专用手套。

7.2.7 夜间作业、行走、交谈、开关门要轻。进包房先敲门,离开时应倒退出包房。

7.2.8 不高声喧哗、嬉笑打闹、勾肩搭背,定时定点分批用乘务餐,其他时段不在旅客面前吃食物、吸烟、剔牙齿和出现其他不文明、不礼貌的动作,不对旅客评头论足,接班前和工作中不食用异味食品。餐车对旅客供餐时,不在餐车逗留、闲谈、占用座席、陪客人就餐。

7.2.9 客运乘务人员进出车厢时,面向旅客鞠躬致谢。(取消)

7.3 温度适宜,环境舒适。

7.3.1 通风系统作用良好,车内空气清新,质量符合国家标准。始发前对车厢进行预冷、预热,空调温度调节适宜,体感舒适,原则上保持冬季 18~20 摄氏度,夏季 26~28 摄氏度。

7.3.2 车内照明符合规定。夜间运行(22:00—次日 7:00)时,座车照明开关置于半灯位;始发、终到站和客流量大的停站,以及列车途经地区与北京时间存在时差时自行调整。

7.3.3 广播视频

7.3.3.1 广播常播内容录音化。使用普通话。经停少数民族自治地区车站的列车可根据需要增加当地通用的民族语言播音。过港列车可增加粤语播音。直通列车可增加英语播报客运作业信息。

7.3.3.2 广播语音清晰,音量适宜,用语准确,不干扰旅客正常休息。自动广播系统播报正确。

7.3.3.3 视频系统性能良好,使用正常,始发前开启系统播放节目,播放内容符合规定并定期更新。

7.3.3.4 广播、视频内容以方便旅行生活为主,介绍宣传安全常识和车辆设备设施的使用方法,提示旅客遵守安全乘车规定,播报前方停站、到站信息等内容,可适当插播文艺娱乐、文明礼仪、沿线风光、民俗风情、餐食供应、广告等节目。

7.4 用水供应。

7.4.1 饮用水保证供应,途中上水站按规定上水。使用饮水机的备有足量桶装水。(取消)

7.4.2 运行途中为有需求的重点旅客提供送水服务;售货车配热水瓶,利用售货时为有需求的旅客提供补水服务。

7.5 运行途中,厕所吸污时或未供电时锁闭厕所,其他时间不锁厕所。厕所锁闭时,为特殊情况急需使用厕所的旅客提供方便。

7.6 公共区域的电源插座保证符合标示范围的旅行必需的小型电器正常使用。

7.7 通过图形符号、电子显示、广播、视频、服务指南等方式宣传旅客运输服务信息及客运服务质量标准摘要(取消),引导旅客自助服务。

7.8 卧具终点站收取,贴身卧具一客一换。到站前提醒卧车旅客做好下车准备,不干扰其他旅客。夜间运行,卧车乘务员在边凳值岗,并定时巡视车厢。始发后和夜间客运乘务人员对卧车核对铺位。列车剩余铺位在列车办公席或指定位置公开发售,公布手续费收费标准。

7.9 发现旅客遗失物品妥善保管,设法归还失主,无法归还时编制客运记录交站处理。无法判明旅客下车站时交列车终到站处理。

7.10 根据旅客乘坐列车等级和席别提供相应服务。

7.10.1 商务座车配有专职人员,主动介绍专项服务项目,提供饮品、餐食、小食品、小毛巾、耳塞等服务。

——饮品有茶水、饮料,品种不少于 6 种,茶水全程供应。

——逢供餐时间的,免费供应餐食。供餐时间为:早餐 8:00 以前,正餐 11:30 ~ 13:00、17:30 ~ 19:00。

——正餐以冷链为主,配用速溶汤,分量适中,可另行配备面点、菜品、佐餐料包等。品种不少于 3 种,配有清真餐食,定期调整。

——选用非油炸类点心、蜜饯类、坚果类等无壳、无核、无皮、无骨的休闲小食品,品种不少于 6 种,独立小包装。

7.10.2　G 字头跨局动车组特、一等座车提供饮品、小食品、送水服务。

7.11　全面服务,重点照顾。

7.11.1　无需求无干扰。通过广播、电子显示屏等方式宣传服务设备的使用方法,方便旅客自助服务。

7.11.1.1　有需求有服务。在各车厢电子显示屏公布中国铁路客户服务中心客户服务电话(区号 + 电话号码)。实行首问首诉负责制。受理旅客咨询、求助、投诉,及时回应,热情处置,有问必答,回答准确;对旅客提出的问题不能解决时,指引到相应岗位,并做好耐心解释。

7.11.2　重点关注,优先照顾,保障重点旅客服务。

7.11.2.1　按规范设置无障碍厕所、座椅、专用座席等设施设备,作用良好。

7.11.2.2　对重点旅客做到"三知三有"(知座席、知到站、知困难、有登记、有服务、有交接);为有需求的特殊重点旅客联系到站提供担架、轮椅等辅助器具,及时办理站车交接。

7.11.3　尊重民族习俗和宗教信仰。经停少数民族自治地区车站的列车可按规定在图形标志增加当地通用的民族语言文字,可根据需要增加当地通用的民族语言播音。

8　应急处置

8.1　火灾爆炸、重大疫情、食物中毒、空调失效、设备故障和列车大面积晚点、停运、变更径路、启用热备车底等非正常情况下的应急处置预案健全有效,预案内容分工明确,流程清晰。日常组织培训,定期组织演练,培训演练有记录,有结果,有考核。

8.2　配备照明灯、扩音器等应急物品,电量充足,性能良好。灾害多发季节增备易于保质的食品、饮用水和应急药品,单独存放。

8.3　遇火灾爆炸、重大疫情、食物中毒、空调失效、设备故障和列车大面积晚点、停运、变更径路、启用热备车底等非正常情况时,及时启动应急预案,掌握车内旅客人数及到站情况,维持车内秩序,准确通报信息,做好咨询、解释、安抚、生活保障等善后工作。

8.3.1　列车晚点 15 分钟以上时,列车长根据调度、本段派班室(值班室)或车站的通报,向旅客公告列车晚点信息,说明晚点原因、预计晚点时间。广播每次间隔不超过 30 分钟,可利用电子显示屏实时显示。

8.3.2　遇列车空调故障时,有条件的,将旅客疏散到空调良好的车厢;需开启车门通风的,按规定安装防护网,有专人防护。在停车站,开启站台一侧(非会车侧)车门;在途中,开启运行方向左侧车门。运行途中劝阻旅客不在连接处停留,临时停车严禁旅客下车。在站停车须组织旅客下车时,站车共同组织。按规定做好旅客到站退还票价差额时的站车交接。

8.3.3 热备车底的乘务人员、随车备品和服务用品同步配置到位。遇启用热备车底时,做好宣传解释,配合车站共同组织旅客换乘其他列车,或者按照车站通报的席位调整计划组织旅客调整席位,按规定做好站车交接。

8.3.4 遇变更径路时,做好宣传解释,配合车站组织不同径路的旅客下车,按规定做好站车交接。

8.3.5 车门故障无法自动开启时,手动开启车门,并通知随车机械师处理;无法关闭时,由专人看守并通知随车机械师处理。使用车门紧急解锁拉手后,及时复位。

8.3.6 发生烟火报警时,随车机械师、列车长和乘警根据司机通知立即到报警车厢查实确认,查看指定车厢的客室、卫生间,随车机械师重点查看电气设备。若发生客室或设备火情,列车长或随车机械师立即通知司机按规定实施制动停车,并启动应急预案进行处理;若确认因吸烟等非火情导致烟火报警时,由随车机械师做好恢复处理,乘警依法调查,并向旅客通告。

8.3.7 发生人身伤害或突发疾病时,积极采取救助措施,按规定办理站车交接,客运乘务员不下车参与处理。必要时可请求在前方所在地有医疗条件的车站临时停车处理。

9 列车经营

9.1 餐饮经营

9.1.1 餐饮经营符合有关审批、安全规定,证照齐全有效。食品经营单位的食品安全管理制度健全。

9.1.2 餐车销售的饮食品符合国家有关规定。销售的商品质价相符,明码标价,一货一签,价签有"CRH"标志,提供发票。餐车明显位置、售货车、服务指南内有商品价目表和菜单,无只收费不服务行为。

9.1.3 餐车整洁美观,展示柜布置艺术,与就餐环境相协调;厨房保持清洁,各种用具定位摆放。商品、售货车等不堵通道,不占用旅客使用空间。售货车内外清洁,定位放置,有制动装置和防撞胶条。

9.1.4 商品柜、冰箱、吧台、橱柜不随意放置私人物品(乘务员随乘携带的餐食等定位存放)。餐食、商品在餐车储藏柜、冰箱内定位放置,不占用旅客使用空间。

9.1.5 餐车配置的微波炉、电烤箱、咖啡机等厨房电器符合规定数量、规格和额定功率,保持洁净。

9.1.6 经营行为规范,文明售货,不捆绑销售商品。非专职售货人员不从事商品销售等经营活动。餐车实行不间断营业,并提供订、送餐服务。销售人员不在车内高声叫卖,危险演示,销售过程中主动避让旅客。夜间运行时,不得进入卧车销售,座车可根据情况适当延长或提前销售时间,但不得超过1小时。

9.1.7 供应品种多样,有高、中、低不同价位的旅行饮食品,2元预包装饮用水和15元盒饭不断供(取消)。尊重外籍旅客和少数民族的饮食习惯。盒饭以冷链为主,热链为辅,常温链仅做应急备用,有清真餐食。

9.1.8 餐饮品、商品有检验、签收制度,采购、包装、储存、加工、运输、销售符合食品卫生安全要求。

9.1.9 不出售无生产单位、生产日期、保质期和过期、变质,以及口香糖、方便面等严重影响列车环境卫生的食品。超过保质期限的食品单独存放、回收销毁。

9.1.10 一次性餐饮茶具符合国家卫生及环保要求。

9.2 广告经营规范。广告发布的内容、形式、位置等符合有关规范,布局合理,安装牢固,内容健康,与列车环境协调,不挤占铁路图形标志、业务揭示、安全宣传等客运服务内容或位置,不影响安全和服务功能,不损伤车辆设备设施。

10 高铁快件

10.1 高铁快运使用专用箱、冷藏箱、集装袋等集装容器以集装件的形式在高铁车站间运输,集装件应装载在列车指定位置,载客动车组列车可将集装件装载在大件行李存放处、二等车厢最后一排座椅后空档处、集装件专用存放柜、动卧列车预留包厢等位置;一节车厢内大件行李存放处和最后一排座椅后空档处预留不少于三分之一的空间供旅客使用;集装件码放在车厢内最后一排座椅后的空档处时,不影响座椅靠背后倾,高度不超过座椅(取消);需中途换向的列车,不使用最后一排座椅后的空档处。利用高铁确认列车运输时,集装件还可码放在二等座车座椅间隔处等位置,但不得码放在座椅上;装载重量不超过列车允许载重量。

10.2 有押运员跟车作业的列车,列车长要对押运员的证件检查和登记。无押运员跟车作业的列车,列车乘务人员在运行途中巡视、检查高铁快件集装件码放、外包装、施封等状况。发现高铁快件集装件短少或外包装、施封破损立即报告列车长。短少的,列车长到场确认后,组织查找,必要时报警。上述异常情况列车长开具客运记录,载明现有集装件数量、编号或内装物品实际情况,到站时交快运公司工作人员处理。

10.3 遇列车故障途中需更换车底或终止运行时,由列车长通知押运员,由押运员负责集装件换乘和后续处置。无押运员时,列车长报告被换乘车所在地铁路局高铁客服调度员(客运调度员)高铁快件装载情况,乘务组临时看管集装件。换乘地点在车站时,原列乘务组在车站协助下组织集装件换乘,不具备换乘条件时集装件随原列回程或交车站临时看管;换乘地点在区间时,集装件随原列回程;列车长在换乘或交车站前开具客运记录附于集装件上。

11 人员素质

11.1 身体健康,五官端正,持有效健康证明。

11.2 具备高中(职高、中专)及以上文化程度,保洁人员可适当调整。

11.3 持有效上岗证,经过岗前安全、技术业务培训合格。从事餐饮服务的人员有卫生知识培训合格证明。广播员有一定编写水平,经过广播业务、技术培训合格。

11.4 列车长从事列车乘务工作满2年。列车值班员从事列车乘务工作满1年。列车长、商务座、软卧列车员能够使用简单英语。

11.5 熟练使用本岗位相关设备设施,熟知本岗位业务知识和职责,掌握担当列车沿途停站和时刻,沿线长大隧道、桥梁、渡海等线路概况(取消),以及上水、吸污、垃圾投放等作业情况。熟悉本岗位相关应急处置流程,具备应对突发事件能力。

12 基础管理

12.1 管理制度健全,有考核,有记载。定期分析安全和服务质量状况,有针对性具体整改措施。

12.2 按规定配置业务资料,内容修改及时、正确。除携带铁路电报、客运记录、车内补票移交报告(取消)外,车上不携带其他纸质资料台账。

12.3 各工种在列车长的领导下,按岗位责任各负其责,相互协作,落实作业标准,有监督,有检查,有考核。

12.4 业务办理符合规定,票据、台账、报表填写规范、内容准确、完整清晰。配备保险柜,营运进款结算准确,票据、现金及时入柜加锁,到站按规定解款。

12.5 客运乘务人员配备统一乘务箱(包),集中定位摆放;洗漱用具、茶杯等定位摆放。

12.6 库内保洁作业纳入动车所一体化作业管理,动车所满足一体化吸污、保洁等整备作业条件。

12.7 备品柜、储藏柜按车辆设计功能使用,备品定位摆放。单独配置的备品柜与车身固定,并与车内环境相协调。

12.8 定期开展职业技能培训,培训内容适应岗位要求,评判准确。

参 考 文 献

[1] 王大学.论对大学生进行礼仪教育的重要性[J].金田期刊,2015,(9).
[2] 武洪明,许湘岳.职业沟通教程[M].北京:人民出版社,2011.
[3] 邓岚,李培锁.高速铁路客运组织与服务[M].北京:中国铁道出版社,2011.
[4] 张英姿.高速铁路客运服务礼仪[M].北京:中国铁道出版社,2017.
[5] 李增和.铁路客运服务与礼仪[M].成都:西南交通大学出版社,2014.
[6] 蔡昱,耿雪.城市轨道交通客运服务礼仪[M].北京:高等教育出版社,2019.